채박사의

중독 따라잡기

채규만 외 공저

학지사

머리말

오래전에 미국에서 규정한 알코올 중독 기준을 서울 시민들에게 적용하면 약 20%를 알코올 중독자로 분류할 수 있다는 연구 결과를 보고 충격을 받은 적이 있다. 그것이 미국 국민의 알코올 중독 비율보다 2배 가까이 높은 수치였기 때문이다. 우리나라의 도박 중독은 경마, 카지노에서부터 경륜, 각종 인터넷 도박 사이트에 이르기까지 우리 사회에 만연해 있고 그에 대한 피해 역시 아주 심각하다. 또한 잠잠할 만하면 터지는 연예인의 마약 중독 사건도 우리 사회의 마약 중독이 얼마나 각계각층에서 심각하게 자리 잡고 있는가를 단적으로 보여 준다.

얼마 전 한 신문에서는 자신의 외제차를 튜닝하는 데 1억 원이 넘는 돈을 사용한 한 운전자에 대해 보도했다. 그런데 알고 보니 그 사람은 차 구입 초기부터 튜닝에 사용한 비용이 3억 원이 넘는, 이른바 튜닝 중독자였다고 한다. 또한 요즘 유행하고 있는 케이블 채널의 〈화성인 바이러스〉라는 프로그램에서는 성형을 100회 이상 했다는 여성이 자랑스럽게 자신의 경험을 털어놓기도 했다. 그런가

하면 인터넷에서 물건을 마구 구입하고 그것들을 집 안에 쌓아 놓기만 하는 쇼핑 중독 여성도 우리 주위에서 흔하게 볼 수 있다. 이외에도 수많은 중독이 우리 사회 구석구석에 퍼져 있어 그 피해를 돈으로 환산하면 천문학적인 액수가 될 것이다. 이제 우리나라를 중독 공화국이라고 불러도 손색이 없을 정도다.

나 역시 아내로부터 일중독에 빠졌다는 비난을 받는다. 시간만 나면 책을 집필하거나 번역한다고 책상에 붙어 있는 내가 아내에게는 일중독으로 보일 것임이 분명하다. 물론 내 입장에서는 그러한 행동이 학문 발전에 기여한다고 주장할 명분은 있지만…….

이 책은 우리 사회에 만연해 있는 각종 중독 문제를 일반 독자 입장에서 이해하기 쉽게 다루고 있다. 따라서 독자가 이 책을 읽으면서 스스로 자신의 문제를 파악하고 중독 문제를 관리할 수 있으리라 본다. 그러나 심각한 중독을 상대할 때는 절대 혼자서 승리 없는 싸움을 하려고 하지 말고 전문가의 도움을 반드시 받아야 한다. 부디 이 책에 쓴 한 줄 한 줄의 내용이 중독으로 고통받는 개인과 가족, 사회에 조금이라도 도움이 되었으면 하는 바람이다.

각 중독 장을 저술한 저자들은 나와 함께 박사과정에서 중독을 연구하고 중독 상담을 수강한 현장의 전문가들이자 내가 사랑하고 아끼는 제자들이다. 따라서 이 책의 출간은 나에게 의미가 깊다. 특히 이 책이 나의 2013년 상반기 정년퇴임을 기념하는 의미도 지닌다니 가슴이 시리도록 고마울 따름이다. 책을 집필하는 과정에서 처음부터 마지막까지 수고를 아끼지 않아 준 제자들과 많은 양의 원고를 세심하게 교정하며 다듬어 준 제자들, 특히 이유미, 임세라, 정민철, 그리고나의 캐리커처를 멋지게 그려 준 연우석에게 감사의 마음을 표하고 싶다.

2013년 여름

시카고에서

채규만

차 례

머리말 / 3

1 중독 이해하기 11

1. 중독이란 13
2. 중독의 특성 14
3. 중독자의 특성 19
4. 중독자의 가정 및 사회적 배경 22
5. 중독 현상의 공통점 24

채 박사와 함께하는 중독 스스로 극복하기 28

2 성형 중독 43

1. 성형 중독이란 46
2. 성형 중독에 빠지면 47
3. 나는 성형 중독일까 50

채 박사와 함께하는 성형 중독 스스로 극복하기 54

3 성 중독 65

1. 성 중독이란 67
2. 성 중독에 빠지면 69
3. 나는 성 중독일까 72

채 박사와 함께하는 성 중독 스스로 극복하기 75

4 쇼핑 중독 85

1. 쇼핑 중독이란 87
2. 쇼핑 중독에 빠지면 88
3. 나는 쇼핑 중독일까 91

채 박사와 함께하는 쇼핑 중독 스스로 극복하기 94

5 다이어트 중독 105

1. 다이어트 중독이란 107
2. 다이어트 중독에 빠지면 109
3. 나는 다이어트 중독일까 112

채 박사와 함께하는 다이어트 중독 스스로 극복하기 115

6 운동 중독 121

1. 운동 중독이란 124
2. 운동 중독에 빠지면 125
3. 나는 운동 중독일까 127

채 박사와 함께하는 운동 중독 스스로 극복하기 129

7 인터넷 게임 중독 141

1. 인터넷 게임 중독이란 144
2. 인터넷 게임 중독에 빠지면 145
3. 나는 인터넷 게임 중독일까 148
4. 가정에서 도움 주기 152

채 박사와 함께하는 인터넷 게임 중독 스스로 극복하기 159

8 니코틴 중독 175

1. 니코틴 중독이란 178
2. 니코틴 중독에 빠지면 179
3. 나는 니코틴 중독일까 182
채 박사와 함께하는 니코틴 중독 스스로 극복하기 184

9 도박 중독 197

1. 도박 중독이란 200
2. 도박 중독에 빠지면 201
3. 나는 도박 중독일까 204
채 박사와 함께하는 도박 중독 스스로 극복하기 207

10 알코올 중독 217

1. 알코올 중독이란 221
2. 알코올 중독에 빠지면 221
3. 나는 알코올 중독일까 225
채 박사와 함께하는 알코올 중독 스스로 극복하기 228

부 록 / 237
찾아보기 / 243

1 중독 이해하기

현대사회를 살아가는 사람들 중 대다수는 한 가지 이상의 무언가에 '중독'되어 있다. 이미 잘 알려져 있는 알코올 중독, 약물중독, 도박 중독, 니코틴 중독뿐 아니라 운동 중독, 성형 중독, 쇼핑 중독, 다이어트 중독, 카페인 중독, 드라마 중독, 일중독, 성 중독, 종교 중독 등 중독의 분야도 매우 다양하게 나뉘어 있다. 빠른 속도로 발전하는 현대사회는 우리가 이전에 경험하지 못했던 인터넷이나 카페인, 성형 등의 다양한 중독거리를 제공하는 동시에 그러한 중독에 빠질 수 있는 손쉽고 빠른 정보와 기회를 제공한다. 개인은 점점 심리적으로 외로움과 공허함을 느끼고 그것을 대리 충족하거나 해소해 줄 수 있는 무언가를 갈망하고 있으므로, 만연한 중독은 현대사회에 공존하는 명암을 대표한다고도 할 수 있을 것이다.

이렇게 무언가에 중독된 사람들은 자신이 중독된 그 물질이나 행위를 끊임없이 반복한다. 성형 중독에 빠진 사람은 매일 자신의 얼굴을 거울로 들여다보면서 더 예뻐지기 위해 고쳐야 할 부분을 고민하고, 카페인 중독인 사람은 아침부터 저녁까지 커피 잔을 손에서 놓지 못하며, 쇼핑 중독인 사람은 인터넷 쇼핑몰이나 백화점 등을 기웃거리면서 자신이 원하는 것을 구매하게 되었을 때에야 비로소 행복감을 느끼곤 한다. 이처럼 우리는 흔히 무언가에 '집착하는 것', '빠지는 것'에 중독이라는 이름을 붙이고 있다. 따라서 조금 넓은 의미를 부여하자면 중독의 다른 이름은 '열정', '욕심'이라고도 말할 수 있을 것이다.

하지만 '넘치는 것은 모자라는 것과 마찬가지(過猶不及)'라는 공자(孔子)의 명언처럼 어떤 것에 단순히 빠지는 수준에서 넘어섰을 때 열정은 우리에게 치명적인 독이 되어 돌아온다. 예를 들어, 적정 수준의 음주는 사교와 즐거움을 위해 도움을 주지만 지나칠 정도의 양과 빈도로 섭취하여 알코올 중독이 되었을 경우에는 더 이상 초기의 긍정적인 역할로 작용하지 못한다. 'addiction'의 어원인 'addicene'은 그러한 중독의 의미를 보다 이해하기 쉽게 도와준다. 이 라틴어는 전쟁에서 패하여 노예가 된 사람을 주로 가리켜 사용했던 말이다.[1] 즉, 더 이상 자신의 의지에 의한 상태가 아니라 주인에게 구속되고 양도된 채 명령에 따라야 하는 노예가 된 상태라는 것이다. 이쯤 와서는 중독이라는 말을 우리가 가볍게만 다룰 수 없을 것이다.

따라서 이 책에서 우리는 먼저 흔하게 사용하지만 정확히 알지

1) 온누리 회복사역본부 역(1995). 참을 수 없는 중독. A. D. Hart의 *Healing Life's Hidden Addictions*. 서울: 두란노.

못하고 있는 중독의 개념들, 즉 중독의 핵심적인 특성과 원인, 인지적 과정, 치료 과정 등에 대해 알아본 후 다양한 분야의 중독을 살펴보면서 각각이 가진 특징을 이해해 보고자 한다. 그리고 독자 스스로 이 책을 읽어 가면서 중독의 심각도를 점검하고 그것에서 벗어나기 위해 노력해 볼 수 있는 치료적 활동을 제안한 후, 그것을 구체적으로 살펴보도록 하겠다.

1. 중독이란

중독의 사전적 의미를 살펴보면, '몸이 음식이나 내용(內用) · 외용(外用) 약물의 독성에 치여서 기능 장애를 일으키는 일'이라고 되어 있다. 예를 들면, 마약이나 연탄가스에 중독되는 것처럼 생리적으로 물질에 중독되는 현상을 의미한다. 또한 중독의 다른 사전적 의미는 어떤 사상이나 사물에 젖어 버려 정상적으로 실물을 판단할 수 없는 상태로, 완고한 수구 사상에 중독된 인물 같은 경우가 있다. 즉, 행동이나 활동 등에 중독되었다고 하며, 그것은 심리적인 의존을 특징으로 한다.

일반적으로 중독은 중독 대상에 따라서 물질에 대한 중독과 행위에 대한 중독으로 분류할 수 있다. 또한 중독 상태라고 말하기 위해서는 다음과 같은 몇 가지 요건을 고려해야 한다.

중독 상태로 정의하기 위한 요건

- 중독 대상에 대한 갈망이 심해서 그러한 대상을 강박적으로 추구하는 경향이 높다.
- 중독 대상으로 인해 자신의 삶, 가족 및 사회적인 삶에 부정적인 결과를 초래한다.
- 중독 대상에서 벗어나려고 노력하지만 중독 현상으로 인해 자기 통제력이나 자기 조절력을 상실하여 중독 대상에 대한 심리적 · 신체적 의존에 빠진 상태다.

즉, 중독이란 특정한 중독 물질이나 중독 행동에 강한 열망과 욕구를 느끼고, 자신의 삶에 부정적인 결과를 초래함에도 그러한 대상을 추구하는 것에서 벗어나지 못하는 상태를 말한다.

2. 중독의 특성

일반적인 중독의 특성은 다음과 같다.

1) 중독을 일으키는 물질은 다양하다

중독 물질은 반복적으로 섭취하거나 흡입하면 뇌에 변화를 주어서 마음의 변화까지 일으키는 물질(substance)을 말한다. 가장 흔한 중독 물질로 알코올이 있으며 니코틴, 코카인 및 각종 마약 물질 등도 이에 속한다.

2) 중독이 되면 나타나는 행동이 있다

중독 행동이란 어떤 행동(behaviors)을 습관적으로 반복하면서 중독이 되는 것을 말한다. 즉, 인터넷, 도박, 물건 구입과 같은 행동을 과도하게 하는 것이 여기에 해당한다.

3) 중독 물질이나 행동의 남용이 나타난다

남용(abuse)이란 정해진 규정이나 기준을 넘어서 함부로 사용하는 경우를 말한다. 예를 들면, 술을 마시는 경우에 사교를 위한 간단한 음주는 문제가 안 되지만 스트레스를 풀기 위한 알코올의 남용은 중독이 된다. 또한 인터넷을 정보를 얻기 위한 목적이 아니라 스트레스를 풀기 위한 목적의 게임으로 남용하면 인터넷 중독에 빠질 수 있다. 따라서 어떤 물질이나 행동을 단순히 스트레스를 무력화하고 쾌감을 느낄 목적으로 남용하면 중독으로 이어질 수 있다.

4) 중독 물질이나 행동에 대한 내성이 나타난다

저자가 치료한 한 코카인 중독자의 경우, 초기에는 10달러어치 소량의 코카인만 사용해도 기분이 좋았지만 일주일 후에는 하루에 200달러어치 이상의 코카인을 흡입하지 않으면 좋은 기분을 느낄 수 없었다고 고백했다. 이 중독자는 코카인을 구하기 위해 부모님의 가게에서 돈을 훔치고 카메라를 몰래 팔아 치웠다.

모든 중독 물질이나 행동은 내성이 급격히 증가하는 특성이 있다. 내성(tolerance)이란 물질을 사용할수록 효과가 감소하기 때문에 같은 효과를 내기 위해서 점차 용량을 증가시켜야만 하는 현상을 말한다. 예를 들면, 처음 술을 마실 때는 한 잔만 마셔도 취한 기분이 들지만 자주 마시면 양을 늘려야 처음의 취한 효과를 느낄 수 있다. 주변에서 보면 주량이 세다는 것을 자랑하는 사람들이 있는데, 그것은 자랑거리가 아니고 술에 대한 그 사람의 내성이 증가해서 더 많은 양의 술을 필요로 하게 된 것일 뿐이다. 내성의 증가는 중독의 가장 중요한 특징을 나타내는데, 약물에 따라서 내성이 아주 급격하게 증가하기도 한다.

5) 중독 물질이나 행동을 멈추면 금단증상이 나타난다

중독 물질이나 행위를 중단했을 경우에 나타나는 현상을 금단증상(withdrawal)이라고 한다. 금단증상은 중독의 심한 단계를 보여주는 특징으로, 중독자가 중독의 부정적인 효과를 경험하면서도 그것에서 벗어나지 못하는 이유는 바로 이 금단증상 때문이다. 그들은 중독 물질이나 행동을 반복해야만 금단증상에서 잠시 벗어날 수 있다. 즉, 초기에는 중독 물질이나 행동을 즐기고 그것으로부터 쾌감을 얻기 위해서 출발했지만 중독된 후에는 금단증상이라는 불쾌한 감정과 현상을 탈피하기 위해서 그것을 반복하게 된다.

- **신체적 증상**: 손 떨림, 가슴의 답답함, 질식할 것 같은 느낌 등
- **심리적 증상**: 불안, 안절부절함, 환각, 환청 등

6) 중독은 강화를 통해 지속된다

사람은 왜 중독 물질이나 행위를 좋아할까? 이유는 그것에 의해서 심리적 및 신체적 보상을 받기 때문이다. 즉, 음주를 한 경우에는 긴장이 이완되는 강화(reinforcement)를 받을 수 있다. 또한 중독 물질이나 행동이 중독자에게 어떤 영향을 주는가에 관한 연구 결과를 보면, 그것이 두뇌에서 도파민을 분비하게 하여 쾌감을 느끼도록 강화하는 것으로 나타났다. 다시 말해 중독 물질이나 행동은 긴장 이완, 일시적인 현실 도피, 문제 회피를 통해 고통이나 스트레스에서 벗어나게 해 주는 강화 기능을 가지고 있다는 것이다.

7) 중독이 되면 갈망 현상이 나타난다

중독 물질이나 행동은 사람을 파멸로 유도한다. 그럼에도 그것에서 벗어나지 못하는 이유는 중독 물질이나 행동에 대한 갈망(craving) 현상 때문이다. 갈망 현상이란 앞서 이야기한 강화와 보상을 받은 중독 물질이나 행위가 그와 관련된 기억이나 환경적인 자극으로 인해 조건화된 반응[2)]을 자동적으로 나타내는 것을 말한다. 즉, 우리말 속담에 '참새가 방앗간을 지나치지 못한다.'는 말과 같이 알코올 중독자는 술집을 지나치거나 술친구의 술자리 제안을 받을 때면 순간 술을 마시고 즐거웠던 기억이 떠오르면서 음주에 대한 갈망을 느끼며, 그러한 갈망이 심해지면 결국 음주를 하게 되는 것이다.

2) 파블로프의 개 실험에서 음식을 주지 않고도 종만 치면 개가 침을 흘린 것처럼 어떤 자극이 그것과 관련이 없던 반응과 연합되면서, 이후에는 자극에 따라 자연스럽게 해당 반응이 나타나는 것을 말한다.

8) 중독이 되면 교차내성을 경험한다

교차내성(cross tolerance)이란 두 약물의 생리 작용 부위가 유사한 경우에 한 가지 약물에 내성이 생기면 다른 약물을 투여해도 비슷한 반응이 나타나는 현상을 말한다. 예를 들어, 술을 많이 마신 상태에서 감기약을 섭취하면 두 약물이 상승효과를 일으켜서 심각한 문제가 발생할 수도 있다.

9) 중독자의 가족에게서는 동반 의존이 나타난다

남편이 알코올 중독이면 아내는 심각한 음주 문제의 영향만 받는 것이 아니다. 남편이 술과 동시에 아내에게도 의존을 하고, 아내 역시 남편에게 심리적으로 의존하는 동반 의존(co-dependence) 관계를 유지하는 경우가 많다. 이처럼 동반 의존이란 가족 구성원 중 한 사람이 중독되면 다른 구성원도 중독의 영향을 함께 받는 것으로, 따라서 만일 남편의 알코올 중독을 치료하고 싶다면 아내와 가족 전체의 치료도 병행해야 한다.

10) 중독자는 중독 이외에 다른 장애를 함께 가져 이중 진단을 받을 수 있다

중독자는 중독 문제뿐만 아니라 다른 심리 또는 정신 장애를 가지고 있는 경우가 많다. 이중 진단(dual-diagnosis)의 개념은 중독자에게 공존하는 다른 문제를 진단 · 평가할 뿐만 아니라 치료 계획에서의 이점도 고려하는 것을 말한다. 대체로 알코올 중독자는 성격적으로는 의존성 성격장애 또는 반사회적 성격장애를 함께 가지고 있고, 우울 장애, 불안 장애 등의 정신과적 문제도 가지고 있는 경우가 많다. 따라서 중독 문제 한 가지만 치료하는 것은 일시적이고 제한적일 수 있다. 그러므로 이중 진단에 대한 치료를 병행할 수 있는 곳에서 중독 치료를 받아야 중독자가 적절한 도움을 받을 수 있을 것이다.

11) 중독은 재발할 수 있다

중독자가 치료를 받은 후에 중독 증상이 다시 나타나는 것을 재발(relapse)이라고 한다. 중독자는 중독을 조절하려고 하지만 중독 물질 및 중독 행동에 대한 충동 조절의 어려움, 중독의 강화성, 갈망 등의 특징 때문에 재발하는 경우가 많다.

3. 중독자의 특성

중독자는 일반적으로 자존감, 대처 능력, 중독에 대한 부정, 수치심과 죄책감 같은 특성 및 중독에 이르는 원인을 가지고 있다.

1) 낮은 자존감을 지닌다

중독자의 공통적인 특징은 자존감이 낮다는 것이다. 즉, 자신에 대한 부정적인 인식과 태도가 강하기에 다른 사람들이 자신을 무시한다고 생각하는 경향이 있다. 그들은 대인 관계의 어려움으로 인해 정상적인 관계 속에서 해결해야 할 사회적 욕구의 해소에 어려움을 겪는다. 즉, 다른 사람들과의 관계 속에서 스트레스를 해소하지 못하기 때문에 중독 물질이나 중독 행동을 통해서 이를 해소하려는 것이다.

2) 스트레스에 대한 대처 능력이 비효율적이다

사람은 누구나 생활에서 스트레스를 경험한다. 예를 들면, 가정에서의 역할, 직장에서의 적응과 동료와의 관계, 예기치 못한 경제적 사정과 압박감, 미래에 대한 불확실 등 누구나 스트레스에서 자유로울 수 없다. 이때 정상적인 사람들은 완벽하지는 않지만 자신이 처한 상황에서 다양한 방법으로 효율적이게 대처한다. 반면, 중독자는 오로지 중독 물질이나 행동을 통해서 스트레스에 대처하려고 하다 보니 중독에 빠져들게 된다.

3) 중독 행위를 통한 보상 심리를 지닌다

저자가 치료한 한 성 중독자는 자신이 열심히 일한 대가로 성적 서비스를 받을 만한 자격이 있다고 여기며 성매매를 하다가 성 중독에 빠졌다. 학생들도 공부를 열심히 한 대가로 인터넷 게임을 즐기다 보니 게임에 빠져 인터넷 게임 중독을 경험한다. 이처럼 사람들은 자신이 열심히 일하고 노력한 대가를 통해 심리적 보상을 받으려는 경향이 있다. 특히 중독자는 주로 중독 물질을 통해서 심리적 보상을 받으려는 경향이 강하기에 중독 증상이 지속되는 것이다.

4) 자신이 중독되었다는 것을 부정한다

중독자의 가장 큰 특징 중 하나는 자신에게 중독 물질이나 행위를 통한 중독 현상이 일어나고 있다는 사실을 부정한다는 것이다. 즉, 그들은 중독에 대한 강한 부정적 인식 때문에 자신의 중독 증상을 부인하는 경향이 아주 심하다. 저자가 치료한 중독자 중에서 초기부터 자신이 알코올이나 도박에 중독 증세를 보인다고 인정하고 시인한 사람은 거의 없었다. 그들은 중독 현상 때문에 배우자와의 문제나 사회적 · 법적 문제가 발생한 후에야 상담이나 치료에 응한다. 따라서 중독자가 스스로 중독 문제가 있다고 시인하고 도움을 받으려고 하면 치료의 절반은 달성한 것이라고 할 수 있다. 자신의 중독 물질이나 행동에 대해서 다른 사람에게 알리지 않고 혼자서 싸운다는 것은 불가능하다. 따라서 상담을 통해 벗어나는 방법을 배워야 한다.

5) 다른 사람들의 시선을 많이 의식하고 수치심이나 죄책감을 지닌다

대체로 중독자는 중독 물질에 빠져 있지 않을 때 다른 사람들을 많이 의식하고 수치심을 느끼며 내성적이다. 그러므로 그들은 다른 사람들에게 거절이나 싫은 소리를 못하여 대인 관계나 삶에서 스트레스를 해소하지 못하고 속에 쌓아 두는 편이다. 그 과정에서 어느 한계에 도달하면 술을 마시고 술김에 속 이야기를 하면서 스트레스를 풀기도 한다. 혹은 중독 물질이나 행동의 영향을 받음으로써 현실의 스트레스에서 잠시나마 도피하기도 한다. 그러나 현실은 스트레스를 유발하는 원인에 직면하지 않고는 문제를 해결할 수 없다.

4. 중독자의 가정 및 사회적 배경

중독자에게는 중독으로 가게 하는 특정한 가정 및 사회적 배경 요인이 있는가? 대체로 중독자는 다음과 같은 환경에서 성장했다는 특징을 지닌다.

1) 정서적 결핍이 있다

어린아이는 부모에게서 신체적 · 심리적 보살핌을 받고 성장한다. 아이가 식욕을 느끼거나 배변을 보는 경우, 자신의 욕구를 울음으로 표현하면 어머니가 바로 젖을 주고 기저귀를 갈아 주어 아이의 신체적 · 정서적 욕구를 해소해 준다. 그 과정에서 아이는 부모가 자신과 떨어져 있어도 다시 돌아와 자신을 보살펴 줄 것이라는 신뢰감과 안정된 애착관계를 형성하며, 그런 아이는 성장한 후에도 안정되고 원만한 성격을 갖는다. 반면, 부모님이 어린아이를 방치하거나 예기치 못한 방식으로 돌보면 아이는 불안정 애착 내지는 회피 애착을 형성한다. 그러한 아이들은 주위에 대해 불안하게 느끼거나 혼자만의 세계로 철회하며 대인 관계도 불안정하다.

대체로 중독자는 어린 시절에 부모로부터 적절한 애정을 받지 못하고 정서적인 결핍 속에서 성장한 경험이 많다. 따라서 그러한 환경에서 성장한 사람은 정서적 결핍을 스스로 해결하기 위해 자위행위를 하거나 정서적 결핍을 대치해 줄 수 있는 중독 물질에 집착하게 되는 것이다.

2) 학대적인 환경에서 성장하였다

중독자는 부모에게 신체적 학대를 경험했거나 비난, 평가, 멸시, 무시와 같은 언어 학대를 경험한 경우가 많다. 그러한 환경에 놓인 아이는 애정 결핍, 낮은 자존감을 가지고 있으며 대인 관계에서 자신이 실수를 하면 처벌을 받거나 문제가 생길 것이라는 불안도 경험하여 위축되고 원만한 사회생활을 하지 못한다. 따라서 그들이 성장함에 따라 자신감을 회복하지 못한다면 대인 관계가 필요 없는 인터넷이나 도박과 같은 방법에 빠지게 된다.

3) 성 학대의 경험이 있다

성은 인간의 번영을 상징하며 정서적 만족과 쾌감을 충족할 수 있는 중요한 부분이다. 성적인 경험도 개인이 충분히 성장하여 준비가 된 상황에서 겪으면 즐겁지만 어린 시절에 성폭력, 강제적인 성 접촉, 성 행동 등을 경험한 경우에는 자존감에 부정적인 영향을 받고 원만한 이성 관계를 맺지 못하며 대인 관계에 손상을 입게 된다. 그러면 건강한 사회생활을 통해서 욕구를 충족하지 못해 중독 물질이나 행동에 쉽게 빠져든다. 실제로 저자가 상담한 성 중독인 사람 중에는 어린 시절 성폭력을 경험한 경우가 많이 있었다.

4) 중독을 조장하는 사회적 환경이 있다

우리나라는 문화적으로 중독을 조장하는 사회다. 예를 들면, 술에 대해서 관대하고 공공장소에서 보이는 술주정에 대한 처벌도 관대하다. 또한 인터넷이 발달하다 보니 성에 관련된 음란물도 지나치게 많이 범람하고 있으며, 도박 등의 사행 산업을 통해 정부가 재정 수입을 추구하다 보니 도박 산업 역시 너무도 크게 발달해 있다. 마약 문제는 아직 외국에 비해 상대적으로 적지만 마약을 제외한 각종 중독에 대해서는 사회적 환경이 그것을 조장하는 분위기다.

앞서 이야기한 것처럼 중독자의 어린 시절 가정환경은 정서적인 방치, 학대, 신체 · 언어 폭력적인 경우가 많다. 물론 학대적인 환경에서 성장했다고 해서 모든 사람이 중독에 빠지는 것은 아니고, 정상적인 가정에서 성장했다고 해서 중독에 빠지지 않는다는 보장도 없다. 단지 앞서 제시한 것과 같은 개인 특성을 보이거나 불안정한 가정환경에서 성장했을 경우 중독 물질 또는 행동에 좀 더 취약하다고 할 수 있다. 또한 우리나라의 술 문화, 인터넷 환경, 감정과 스트레스 관리의 취약성 때문에 중독 물질이나 행동으로 빠질 가능성도 높으므로 환경적인 면이 문제가 될 수 있다.

5. 중독 현상의 공통점

중독은 크게 분류하면 중독 물질과 행동이 있으며 각종 중독에는 다음과 같은 공통점이 있다.

1) 중독이 처음부터 과도하거나 문제가 되는 것은 아니다

사교적인 음주는 생활의 활력소가 되며 도박도 사회적인 도박을 통해서 긴장감을 적당히 즐기면 문제가 될 것이 없다. 하지만 무슨 행동이든지 과도해지면 자신을 포함한 주위 사람들에게 피해를 주고 삶의 질을 떨어뜨리는 결과를 가져올 수 있다. 즉, 중독 물질이나 행동은 개인, 가족, 사회에 부정적인 영향만을 줄 뿐 결코 도움이 되지 않는다.

2) 중독은 탐닉적이고 쾌락적인 효과를 보인다

중독 물질이나 행동은 두뇌에서의 도파민 분비를 촉진하여 쾌감을 느끼게 하기 때문에 사람들은 그러한 현상을 추구하려는 경향을 보인다. 따라서 그러한 쾌감을 한번 맛보면 더 적극적으로 그것을 추구하려고 하여 그 행동에서 벗어나기가 쉽지 않다.

3) 중독은 고립된 상황이 아닌 다른 사람과 상호작용하는 과정에서 발생한다

도박, 쇼핑, 마약과 같은 중독 문제도 초기에는 혼자 있는 상황에서만 발생하지 않는다. 즉, 처음에는 가족이나 친구들과 함께 술을 마시다가 이후 혼자서 음주 행동을 하는 것처럼 주변 사람들이 중독 행동으로 유도할 수 있다. 하지만 그들은 유도만 할 뿐 중독이 되도록 하는 것은 아니다. 오히려 그들은 상호작용을 통해 중독 행동에서 벗어나게 하는 영향을 줄 수 있다. 그렇기에 중독 치료를 할 때는 주위의 사회망을 효과적으로 이용할 필요가 있다.

4) 중독자는 중독 물질이나 행동과 애착관계를 형성하고 그 관계는 쉽게 끊어지지 않는다

어린 시절에 부모와 적절한 애착관계를 형성하지 못한 사람은 중독 물질이나 행동과 애착관계를 형성한다. 예를 들면, 부모에게 사랑받지 못하고 그들과 신뢰감을 형성하지 못한 사람은 다른 사람에게 받지 못한 애정 욕구의 공허함을 술, 인터넷, 마약, 성 행동을 통해 채우려고 하며, 그러한 중독 행동과 강한 애착을 형성하여 그만두는 것을 매우 어려워한다.

5) 중독은 갑자기 발달하기보다는 학습을 통해서 이루어진다

중독 물질이나 행동에 의해서 긍정적인 강화를 받으면 그 대상을 더 빨리 학습하고 깊은 애착관계를 형성하여 중독에서 벗어나는 재학습을 어려워하게 된다. 예를 들어, 성형수술을 하여 한번 다른 사람들로부터 예쁘다거나 아름답다는 이야기를 들은 경우 다시 성형수술을 하게 될 가능성이 높아진다. 그리고 그러한 과정을 반복하다 보면 어느 순간 성형 중독이 되어 있으며, 성형수술 부작용으로 고통스러워도 또다시 성형수술을 받게 된다. 이처럼 중독이 한번 학습된 경우 재학습에 어려움이 있을 수 있다. 하지만 재학습이 아예 불가능한 것은 아니기에 그것을 통해서 중독에서 벗어나는 것은 매우 중요하다.

6) 중독이 되거나 중독에서 벗어나는 데에는 많은 사회적 비용이 필요하다

알코올 중독, 도박 중독, 인터넷 중독, 성 중독, 쇼핑 중독, 약물 중독에 이르는 사회적인 비용도 엄청나지만 그러한 중독에서 벗어나게 하는 중독 상담이나 치료의 비용 역시 엄청나다고 할 수 있다. 따라서 중독은 개인의 문제만이 아니라 가족 · 사회 · 국가 문제로 다루어야 한다.

7) 전문적 도움 없이 중독에서 벗어나기는 불가능할 정도로 힘들다

많은 중독자가 자신이 마음만 먹으면 중독 물질이나 행동에서 벗어날 수 있다고 장담한다. 그리고 실제로 중독 행동을 잠시 중단하기도 한다. 하지만 장기적으로 보면 전문적인 치료를 받지 않는 경우 재발 위험이 아주 높다. 따라서 전문적인 도움 없이는 중독에서 벗어나는 것이 매우 힘들다는 것을 기억해야 한다.

채 박사와 함께하는 중독 스스로 극복하기

1) 생각을 통해서 중독 극복하기

(1) 인지모델

우리는 흔히 자신이 상대방에게 인사를 했는데 상대방이 인사를 받지 않고 지나가면 화가 난다고 말한다. 그러나 엄밀하게 따지면 상대방의 그러한 행동 때문이 아니라 '저 사람이 나를 무시했다.'라는 생각을 순간적으로 했기 때문에 화가 나는 것이다. 만일 '저 사람이 나를 보지 못했을 수도 있다.'고 생각하면 기분이 좋아지지는 않더라도, 적어도 화가 나지는 않을 것이다. 예를 들어, 지하철에서 갑자기 누가 자신의 등을 치면 순간적으로 화가 날 수도 있지만 뒤돌아보니 그 사람이 시각장애인이라면 화를 내기보다는 길을 비켜주려고 할 것이다. 즉, 똑같이 누군가 등을 친 것이지만 상대방이 의도적으로 쳤다고 의미를 부여하면 화가 날 것이고 그가 시각장애인이기에 모르고 실수로 밀친 것이라고 생각하면 오히려 그 사람을 돕고 싶어질 수 있다.

이처럼 인지모델은 특정한 상황보다는 그 상황에 대한 자신의 생각(인지)이 자신의 감정과 행동에 영향을 미친다고 가정한다. 그러므로 행동을 수정하기 위해서는 사고를 수정하는 것이 중요하다는 것이다.

(2) 중독과 인지모델

인지모델에서는 생각(인지)이 사람의 정서에서 핵심적인 요소라고 주장한다. 즉, 인지가 정서와 행동에 영향을 주는 가장 중요한 요소이기에 중독에 이르는 사고(생각)를 수정해서 중독 행동을 수정해야 한다. 예를 들면, 도박 중독자의 핵심적인 믿음은 '도박으로 돈을 딸 수 있다.' 또는 '도박을 해서 잃은 돈을 찾아야만 한다.'이기 때문에 그들이 도박 중독에 빠져 있는 것이라고 할 수 있으며, 알코올 중독자는 '술을 마셔야 스트레스를 풀 수 있다.', '술 없이는 살 수 없다.'는 믿음 때문에 술로 스트레스를 풀려고 하는 것이다.

그렇기에 중독의 인지모델에 따르면 중독으로 이끄는 역기능적 인지가 중독의 주범이며, 그러한 역기능적 인지를 수정해야 중독에서 벗어나는 자유를 누릴 수 있다. 즉, 단주는 하고 있지만 마음속으로 '그래도 나는 술 없이는 못 살아. 지금은 아내 때문에 어쩔 수 없이 참고 있어.'라는 역기능적인 생각을 하고 있으면 아내의 잔소리가 줄어들 것 같은 생각이 들 때 또 술을 마시게 된다. 따라서 중독을 치료하기 위해서는 마음속으로 '술은 절대로 안 돼. 내가 술로 문제를 해결하려고 20년 이상 술을 마셨지만 술로는 절대 문제를 해결할 수 없어. 차라리 맨정신으로 대화를 해서 풀어 보자.'라는 대안적인 생각을 해야 알코올 문제에서 벗어날 수 있다.

다음은 저자가 상담한 중독자들이 많이 보인 역기능적 인지와 대안적 사고다.

① 알코올 중독자의 역기능적 인지와 대안적 사고

- '스트레스는 술로 풀어야 해.': '아니야. 술기운이 있을 때는 기분이 좋고 문제가 해소되는 것 같지만 술이 깨고 나면 문제는 그대로 남아 있어. 스트레스는 대화, 운동 등으로 푸는 것이 더 건강해.'
- '나는 술 없이는 못 살아.': '아니야. 이 세상에는 술 없이 사는 사람이 너무도 많아. 나 역시 술을 마시지 않아도 얼마든지 잘 살았고 앞으로도 잘 살 수 있어. 술을 많이 마시면 오히려 나는 빨리 죽을 거야.'

② 도박 중독자의 역기능적 인지와 대안적 사고

- '나는 도박만 하면 돈을 딸 수 있어.': '아니야. 이것은 완전히 거짓말이야. 도박은 시작하는 순간 100%를 내면 60%만 돌려받을 수 있도록 고안된 게임이기에 절대로 그것을 통해서 돈을 딸 수 없어. 그리고 나는 도박으로 빚을 많이 지고 있는 것이 현실이야.'
- '도박으로 잃은 돈을 찾아야 해.': '아니야. 이러한 생각 때문에 도박을 끊지 못하는데, 오히려 도박을 하면 할수록 느는 것은 빚이야. 도박으로 잃은 돈은 애석하지만 이제라도 더 이상 돈을 잃지 말자.'

③ 성 중독자의 역기능적 인지와 대안적 사고

- '스트레스는 성매매로 풀어야 해.': '아니야. 스트레스는 성매매를

하는 것 말고도 다양한 방법으로 풀 수 있어. 실제로 성매매를 하면 순간적인 쾌감은 있겠지만 성병에 걸릴까 봐 또는 성매매 단속에 적발될까 봐 걱정하면서 또 스트레스를 받을 거야. 성매매는 절대로 안 돼.'

- **'성관계를 하는 순간 나의 존재감을 느낄 수 있어.'**: '아니야. 사랑과 애정이 없는 성관계는 순간적인 쾌감만을 줄 뿐이야. 인격적인 관계가 없는 성관계는 상대방의 몸을 빌려서 자위행위를 하는 것과 같아.'

④ 인터넷 게임 중독자의 역기능적 인지와 대안적 사고

- **'인터넷 게임을 하면 기분이 너무 좋아.'**: '아니야. 인터넷 게임을 하면 두뇌의 신경전달 물질인 도파민 분비가 자극돼서 순간 기분이 좋은 것이지 정말 나의 삶의 질이 나아져서 좋은 것은 아니야. 문제는 그 순간의 기분을 위해서 너무 많은 시간을 소비한다는 거야.'
- **'인터넷 게임이 없으면 나의 삶이 너무 무료해.'**: '아니야. 이것은 착각이야. 삶의 즐거움을 발견하기 위해서는 운동, 등산, 취미생활, 동아리 활동 등 다양한 방법이 있어.'

앞의 예에서 보듯이 자신을 중독 물질이나 행동으로 이끄는 것은 순간의 감정이나 환경의 유혹이 아니고 그 순간 그것을 통해서 자신의 스트레스, 문제, 우울, 불안 등의 부정적인 감정을 해소할 수 있을 것이라는 믿음이다. 그러한 믿음을 수정하지 않으면 표면적인 문제는 해결될 수 있겠지만 근본적인 문제는 해결되지 않는다. 그러므로 중독을 벗어나기 위해서는 중독 신념, 중독 믿음에서 벗어나야 한다.

2) 중독자의 치료 과정 이해하기

일반적으로 중독자는 자신의 중독 관련 문제를 부정하고 상담이나 치료를 회피한다. 그러나 중독에서 회복되어 행복한 삶을 사는 사람들은 다음과 같은 과정을 거친다.

(1) 숙고 전 단계

이 단계는 스스로나 주위 사람들의 반응을 통해 자신의 중독 문제를 인식하여 걱정은 하지만 상담이나 치료를 받을 정도는 아니라고 부정하는 단계다. 어떤 중독자는 겉으로는 자신의 중독이 문제가 되지 않는다고 주장하지만 속으로는 절망하여 자포자기한 상태일 수도 있다. 그러한 사람들에게는 먼저 그들이 중독을 부정하는 심정을 알아 주고 수용해 줘야 오히려 역으로 중독을 인정하게 할 수도 있다. 예를 들면, "술은 거의 매일 마시지만 스스로는 아직도 문제가 있다는 생각을 안 하시네요.", "도박 문제는 인정하지 않지만 도박으로 빚을 많이 지셔서 빚에 대한 걱정은 하시네요." 등과 같이 말할 수 있다.

실제로는 많은 중독자가 숙고 전 단계에서 중독 행동을 반복한다. 다시 말해 중독 물질이나 행동 때문에 문제를 경험하면서도 자신의 중독 문제를 선뜻 인정하지는 못하는데, 자신이 중독자라고 인정하면 주위에서 받을 시선이나 창피, 수치심 때문에 그것에 직면하기 싫어하기 때문이다. 따라서 중독자의 배우자나 가족은 그들이 스스로의 중독 문제를 인정하고 도움을 받는 것에 대해 지지하고 찬사를 보내야 한다. 중독 문제를 회피하거나 부정하기만 한다고 해서 절대로 그 문제가 해결되는 것은 아니다.

(2) 숙고 단계

이 단계에 속하는 사람은 한편으로는 중독 문제를 인정하고 싶지만 상담을 받거나 치료를 받는 것은 망설인다. 그래도 이 단계에 속한 중독자는 내면적으로 볼 때 자신의 문제에 직면하면서 심사숙고한다는 측면에서 많이 진전된 상태라고 할 수 있다. 그들은 현재의 삶에서 자신이 겪는 술, 도박, 성과 같은 각종 중독으로 인한 장점과 문제점을 조목조목 적어 가면서 직면할 필요가 있다. 또한 중독 문제로 상담을 받을 때와 상담을 거부할 때의 장점과 단점을 따져 봐야 한다. 예를 들면, 중독 상담을 거부하는 경우에 당장은 자신의 중독 문제를 감춰서 다른 사람들에게 좋게 보일 수 있겠지만 그 문제로 인한 가족과 직장에서의 문제가 지속되어 이혼이나 해고와 같은 더 큰 문제를 파생시킬 수 있다. 반면, 중독 치료를 시작하는 경우에는 잠시 불편하고 힘든 과정일 수 있지만 장기적으로 볼 때 자신과 가족에게 더 행복한 삶을 안겨 줄 수 있다. 중독자는 이 단계를 극복하는 것이 아주 중요하다. 이 단계만 현명하게 직면해서 자신의 중독 문제를 시인하면 이미 치료의 절반은 달성된 것이다.

(3) 준비 단계

준비 단계에서 중독자는 자신의 중독 문제에 직면하여 어떤 수단을 통해서라도 변하겠다는 결심을 하고 배우자나 가족에게 선언한다. 또한 중독 관련 전문가를 찾아서 도움을 받기를 원한다. 그러나 작심삼일이라는 말처럼 그들의 결심이 변할 수도 있기에 주위 사람들은 이들을 격려해 주고 지지해 주어야 하며, '어디 얼마나 가는지 두고 보자!'는 식으로 접근해서는 안 된다. 당사자 역시 자신의 결심을 실행에 옮기기 위해서 중독 치료에 대한 구체적인 행동을 실행에 옮겨야 한다.

중독자는 과거에 결심을 너무도 많이 번복해 왔기 때문에 자신이 주변 사람들에게 신뢰를 잃었다는 것도 알아야 한다. 이제는 자신의 변화 의지를 말이 아닌 행동으로 보여 주어야 한다. 그리고 자신의 행동 변화는 주위의 강요에 의해서가 아니라 자신의 결심에 의해서 이루어질 수 있다는 것을 알고 치료를 지속하는 것에 대한 책임을 스스로 질 수 있어야 한다.

(4) 실행 단계

이 단계에 있는 중독자는 준비 단계에서 수립한 상담 및 치료 계획을 실행하고 치료를 받기 시작한다. 치료자는 중독자의 특성에 맞는 맞춤식 도움을 제공하고, 중독자는 치료자와 함께 치료를 진행해야 한다. 그리고 음주, 도박, 성 행동과 같은 중독 행동을 통제하려는 강한 의지를 가지고 전문가의 도움을 통해서 행동의 변화를 시도해야 한다. 또한 주위 사람들은 중독자를 심리적으로 지지하고 관심을 보여 주어야 한다. 즉, 중독자가 단주했을 때 가족은 더 많은 대화를 해야 하고 정서적으로도 더 배려해 주어야 한다. 많은 중독자가 이 단계에서 중독으로 다시 되돌아가려는 유혹을 경험한다. 그러나 이 싸움은 자신과의 싸움이기에 자신이 노력하면 승리할 수 있다는 확신을 가져야 한다.

(5) 유지 단계

이 단계에 있는 중독자는 중독 문제에 대한 변화를 6개월 이상 유지하면서 새로운 계획이나 습관을 형성한다. 이 단계까지 오기가 매우 힘든데, 일단 6개월 이상 술 없이 살아 보고 도박 없이 살아 보다 보면 그제서야 진정으로 마음속에 평안과 행복이 찾아옴을 느낄 수 있다. 중독 치료를 제대로 받은 사람은 다시 중독이라는 속박과 노예의 삶을 살고 싶어 하지 않고, 오랜 노력 끝에 행복감을 맛보게 된다.

(6) 재발 단계

중독자가 새로운 삶의 습관을 형성하기란 쉽지 않다. 많은 중독자는 회복 프로그램에 참여하다가 이전의 상태로 되돌아가는 재발을 경험한다. 재발은 각 단계에서 발생할 수 있는데, 숙고 단계에서도 자신의 문제에 직면하기를 거부하여 재발할 수 있고, 준비 단계에서도 전문가의 도움과 치료 계획에 참여하는 것을 거부하여 재발할 수 있다. 또한 실행 단계에서는 치료를 거부하여 이전의 중독 상태로 돌아갈 수 있으며 치료 효과를 지속하는 유지 단계에서도 다시 술을 마시고 도박을 할 수 있다. 따라서 중독 문제를 가진 사람은 '중독 문제를 완전히 정복했다.'라는 비현실적인 기대나 자만심을 가져서는 안 된다. 중독 문제는 언제라도 재발할 수 있는 위험성을 평생 지닌다고 여기고 항상 중독에 빠지지 않도록 노력해야 한다.

중독 문제를 가진 사람은 전문가의 도움을 받아서 재발을 방지할 수 있는 계획을 세우고 실천에 옮기는 연습을 충분히 해야 한다. 예를 들면, 예전의 술친구와 술자리를 함께할 경우에 친구의 기분을 상하지 않게 하면서 음주를 거절하는 방법, 스트레스를 받을 때 술이나 도박이 아닌 다른 방법으로 스트레스를 푸는 방법 등을 습관화해야 한다.

3) 충동 조절을 통해 중독 재발 방지하기

(1) 충동이란

일반적으로 충동이란 반사적인 행동, 결과를 생각하지 않는 즉각적인 행동, 무심코 하는 행동, 술이나 마약 등의 영향으로 인한 행동을 의미한다. 그렇기에 성범죄자가 술김에 여성을 보고 충동적으로 범죄를 했다고 하면 의도적이고 계획적으로 한 범죄가 아니기에 정상 참작이라는 판결을 내리기도 한다. 그러나 심리적으로 보면 사람의 행동은 순간순간의 의식적인 과정에서 발생하는 것이지 자신도 모르게 그러한 행동을 하는 것은 아니다. 충동적으로 하는 행동에는 반드시 그 행동을 통해서 달성하려는 욕구나 욕망이 있고, 그러한 욕망을 행동으로 연결해 주는 사고와 신념이 있다.

(2) 충동 조절의 단계별 중독 양상

① 초기 단계: 중독 행동의 욕구를 알아차리고 초전 박살내기

충동 조절의 초기 단계에서는 자신에게 중독 물질 또는 중독 행동에 대한 욕구나 욕망이 있다는 것을 알아차려야 한다. 예를 들면, '술로 스트레스를 풀어 볼까?', '경마장에 한 번만 가 볼까?'와 같은 중독에 대한 자신의 욕망을 알아차리고, 그것에 단호히 대처해야 한다. 즉, 초기 단계에서는 자신의 내적인 상태를 알아차리고 내적인 대화를 통해 스스로를 적극적으로 설득해야 한다.

알코올 중독 문제를 가진 사람이 치료를 받은 후 친구들에게 "딱 한 잔만 하자!"라는 제안을 받았다면, 어떻게 대처해야 하겠는가? 스스로 '그래, 조심스럽게 한 잔만 하자!'라고 말하겠는가? 아니다. '나는 이러한 생각 때문에 지난 20년간 술독에 빠져 살았는데, 이제는 더 이상 그런 생각을 가지고 살아서는 안 돼! 정신 차려! 절대로 음주는 안 돼.'라고 단호하게 거절해야 할 것이다. 술을 마시지 않는다고 친구가 비난하면 '이런 친구는 사귀지 말자!'라는 식으로 스스로 대화를 시도해서 중독으로 이르는 생각을 초전 박살내야 한다.

성 중독에 빠진 사람이라면 '10분 정도의 성관계를 하면서 10만 원이나 지불하는 것은 말도 안 돼! 정말 돈이 아깝다! 운동하면서 건강하게 성적인 욕구를 풀자!'라는 식의 내적인 대화를 하는 것이 필요하다. 이처럼 초기 단계에서는 중독으로 빠질 수 있는 생각에 머무르거나 반추해서는 안 된다. 가능한 빨리 중독과 관련된 신념이나 생각에서 벗어나야 한다.

② 중기 단계: 중독 행동의 욕구는 억제했지만 충동적인 욕구를 지속하는 단계

중독 물질이나 행동을 하기 위해서 물색하는 단계다. 즉, 알코올 중독자가 술집으로 가거나, 술을 구입하려고 시도하거나, 성매매를 하기 위해서 전화번호를 찾거나 전화를 걸려는 단계다. 이 단계에서도 초기 단계와 마찬가지로 자신의 행동을 관찰하고 알아차리는 것이 중요하다. 이 단계에서는 충동을 억제하기 위한 내적인 대화만을 하는 것으로는 부족하다. 중독 물질이나 행동을 회피하기 위한 행동이 필요하다.

성 중독자는 전화번호를 찾는 행동이나 전화를 거는 행동을 당장 멈춰야 한다. 알코올 중독자라면 술집을 찾는 것을 중지해야 하고 도박 중독자라면 도박장으로 가는 것을 멈춰야 한다. 그리고 심호흡을 하면서 자신의 신체적 · 심리적 긴장을 완화시키고 감정이나 욕구대로 행동하지 않으려고 노력해야 한다. 또한 중독 물질이나 행동을 반복했을 때 경험할 수 있는 부정적인 결과를 생각하면서 행동을 통제해야 한다. 예를 들면, '이번에 또 도박을 하면 이제는 내 배우자나 내 가족이 더 이상 나를 믿지 않을 것이고 내 인생은 끝장이다!', '여기서 끝내고 더 이상 도박은 안 돼! 차라리 운동하고 사우나에 가서 스트레스를 풀자!' 라는 생각을 하면서 중독 현장으로 가는 길에서 빠져나와야 한다.

③ 위기 단계: 중기 충동 조절의 실패로 인해 중독 물질을 구입했거나 중독 행동을 하기 직전에 있는 상황

위기 단계는 초기 · 중기 단계의 충동 조절 실패로 인해 중독 재발의 위험이 심각한 상황이다. 대체로 이 단계가 되면 중독자는 자포자기하는 심정으로 '나는 이제 안 돼! 별수 없어. 나는 중독자로 살아야 해!', '이 중독 물질은 포기할 수 없어!'라는 말을 속으로 외치고 있을 수 있다. 따라서 이 단계에서는 우리말 속담 중 '호랑이에게 물려가도 정신만 차리면 산다.'는 말처럼 자신의 상태를 각성하고 알아차리는 것이 중요하다. 그리고 그러한 위기 상태에서 무조건 현장을 빠져나오거나 중독 물질을 던져 버리고 자리를 떠나야 한다. 이 상태에서는 사고 조절이 안 되기에 행동요법을 통해서 자리를 뜨고 피해야 하며, 심호흡을 하고 자신을 재정비해야 한다. 그 후 자신이 왜 그러한 상태까지 갔는지를 반성하고 재발 방지 계획을 세우며 충동 조절 기술을 다시 실습해야 한다.

중독 물질이나 행동에 대한 충동 조절의 핵심은 자신의 상태를 알아차리고 그 상황에서 자신에게 가장 최선의 방법이 무엇인지 결정하는 것이다. 충동적으로 행동했다는 말은 더 이상 통하지 않는다. 순간순간 중독 행동으로 유도하는 자신의 내적인 대화를 알아차리고 그것을 차단하도록 감정과 행동의 변화를 시도해야 한다.

4) 중독자의 가족에게 도움 주기

저자가 상담한 경험에 의하면 가족 내에서 중독자가 생겼을 때 직계 가족의 피해가 아주 크고 심각했다. 심지어 아버지가 알코올 중독자면 그 자녀가 어린 시절에는 그처럼 중독된 아버지를 싫어하다가도 오히려 성인이 되어서 스스로 알코올 중독자가 되는 경우도 있다. 따라서 중독 현상도 가족의 다른 문제와 같이 세대 간에 대물림한다는 것을 알아야 한다.

현재 중독자 가족 모임이 각종 중독에 따라서 다양하게 이루어지고 있으니 가족은 혼자서 자신들의 문제를 해결하려고 하지 말고 중독자 가족 자조 모임에 나가기를 꼭 권하고 싶다. 한편, 중독자는 가족 내에서 대화를 통해 정서적으로 어려운 점을 나누고 서로 지지하여 중독 문제에 대처할 필요가 있다.

용어 TIP

- **자동적 사고**: 어떤 일을 경험할 때 자신의 의지와는 상관없이 즉각적으로 떠오르거나 스쳐 지나가는 생각 혹은 이미지로, 순간적으로 떠오르기 때문에 현실적 검증도 못 해 보고 그냥 영향을 받는 생각이다.
- **핵심적인 믿음**: 자동적 사고와 달리 한 사람이 삶 속에서 지속적인 경험과 확신을 통해 가지게 되는 확고한 믿음으로, 쉽게 바뀌지 않는 생각이다.
- **역기능적 사고(생각)**: 상황에 대해 잘못된 지각이나 해석을 하여

갖게 되는 부정적이거나 비합리적인 생각이다. 예를 들면, 누가 자신에게 인사를 하지 않고 지나갔을 때 그 사람이 인사를 하지 않은 내막을 알지도 못하면서 자신이 만만해 보여서 혹은 자신이 별 볼일 없는 사람이어서 인사하지 않았다고 부정적이게, 즉 역기능적이게 여기는 생각이다.

- **대안적 사고(생각)**: 역기능적 사고와 정반대의 생각으로, 상황에서 잘 적응할 수 있도록 하는 긍정적이고 합리적인 생각을 말한다. 예를 들면, 누가 자신에게 인사를 하지 않고 지나가는 상황에서 그 사람이 다른 생각을 하느라 자신을 보지 못했을 것이라고 적응적이고 긍정적인 방식으로 생각하는 것을 말한다.

2 성형 중독

'얼짱'과 '몸짱'이 대우받는 요즘 시대의 여성이라면 누구나 아름다워지고 싶은 욕구가 있게 마련이다. 자신을 보다 아름답게 가꿔서 누구에게나 인정받는 외모로 사회생활을 한다면 자신감도 한층 더 높아지고 스스로 보람된 생활을 할 수도 있을 것이다.

그러나 지나칠 정도의 외모 지상주의 풍조는 사람들에게 있는 그대로의 멋이나 아름다움을 알아차리지 못하게 하고, 많은 여성에게 기계적이며 천편일률적인 외형에 맞추도록 종용하여 그들을 병들게 한다. 남성보다 여성이 외모에 더욱 집착하는 이유는, 아름다운 외모를 가지고 있을 경우 사회적으로 더욱 대우해 주는 사회적 분위기와 그러할 것이라는 잘못 형성된 생각 때문이다.

성형수술의 기술이 발달함에 따라 그로 인해 아름다워진 사람들의 사례를 보고 자신 역시 성형수술을 받으면 그들과 같이 아름다워질 수 있을 것이라고 꿈꾸는 사람도 많다. 그러나 그들은 외모에 너무 집착하다 보면 병증으로 발전할 수도 있다는 가장 큰 문제점을 간과하고 있다. 즉, 그들은 처음에는 운동이나 가벼운 다이어트 요법 등을 통해 몸매를 가꾸다가, 그래도 안 되면 막대한 시간과 돈을 들여 성형수술을 하고, 그것도 모자라 몇 번씩이나 성형수술을 하면서 외모를 가꾸는 데 열과 성을 다한다. 이 과정에서 강박증이 생기기도 하고, 심하면 신체 변형 장애까지 일어나게 된다.

한국에서도 2000년 이후 루키즘[1)]이 사회문제로 등장하였는데, 조사 결과 한국 여성이 세계에서 가장 많은 성형수술을 하는 것으로 나타났다. 또한 다이어트 열풍에 휩쓸려 무리하게 살을 빼다가 죽음에 이른 경우도 보고되고 있다. 다음의 이야기는 성형 중독에 빠진 한 여성의 대표적인 사례다.

29세의 무용 강사인 A씨는 지난달 코를 수술한 이후 수술 부위가 채 아물기도 전에 다시 병원을 찾았다. 이번에는 가슴을 고치기 위해서다. A씨는 고등학교를 졸업한 이후 지난 10년 동안 눈 7번, 코 5번, 그리고 가슴 4번 등 모두 16차례 이상 성형수술 및 관련 시술을 받았다.

어려서부터 외모 콤플렉스에 시달렸던 A씨는 고등학교를 졸업할 날만 손꼽아 기다려 왔고, 졸업과 동시에 눈과 코를 수술한 후 이전과 달리 예뻐진 자신의 모습에 매우 행복하고 흐뭇했다. 그러

1) 외모가 개인 간 우열과 인생의 성패를 가름하는 기준이라고 믿으며 집착하는 외모지상주의 또는 외모차별주의를 일컫는 말이다.

나 그러한 행복감도 잠시일 뿐 수술한 부위를 조금만 더 손보고 다른 부위도 수술하면 연예인처럼 예뻐질 것이라는 생각에 눈과 코, 가슴 성형을 다시 시도하게 되었다. 그리고 그 후로도 이마와 턱에 보톡스를 맞는 등 이곳저곳 손보다 보니 성형수술을 하는 횟수가 잦아졌다.

잦은 성형수술 때문에 그녀는 직장 생활도 제대로 할 수 없었고, 결국 몇 차례 직장을 옮겨야만 했지만 아직까지도 성형에 대한 충동을 멈출 자신이 없다. 특히 예뻐져서 나타난 자신의 모습에 애인이나 주변 사람들의 태도가 돌변하는 것을 보면 병원 의사 선생님이 신적인 존재로 느껴질 정도로 성형의 힘이 위대하다고 믿는다. 오늘도 그녀는 성형외과의 문을 두드리러 집을 나서고 있다.

우리는 앞의 사례뿐 아니라 주변에서도 성형 중독에 빠진 다른 사람들의 사례를 흔하게 찾아볼 수 있다. '선풍기 아줌마'로 소개되어 세간에 충격을 주었던 H씨는 28세 때 자신의 얼굴에 만족하지 못하고 첫 성형수술을 받았으며, 그 이후에도 일본으로 가서 더 많은 수술을 받으면서 점차 얼굴이 기형적으로 변하기 시작했다. 성형 중독 증세와 정신과적 문제까지 보였던 H씨에게 일본 의사들은 더 이상 안 된다며 수술을 거부하기 시작했고, 결국 그녀는 한국으로 돌아와 정신과 치료를 받았지만 그마저도 비용을 감당하지 못해 중단하게 되었다. 그럼에도 H씨는 여전히 성형수술에 대한 충동을 억제하지 못하고 자신에게 실리콘 시술을 해 주겠다는 불법 시술사를 찾아냈다. 그리고 그에게서 실리콘과 주사기를 받아 자신의 얼굴에 직접 실리콘이나 콩기름 등을 주입했다. 그 후 부작용으로 얼굴이 비정상적이게 커진 H씨는 선풍기처럼 머리가 크다고 해서 '선풍기 아줌마'라는 별명을 얻었고, 지금까지도 치료를 받고 있다. 이미 고인이 된 세계적인 팝 스타 마이클잭슨 역시 수없이 반복된 성형수술로 급기야 코가 무너져 내리는 상황이 벌어진 적이 있다.

단지 앞의 사례들에서 살펴본 행동을 그 자체만으로 비난하는 사람들도 있을 것이다. 하지만 궁극적으로 비난받아야 할 것은 외모지상주의에 빠진 우리 사회의 현실이 아닐까 싶다.

1. 성형 중독이란

성형수술을 반복적으로 하는 것도 중독인가? 요즘 매스컴에서는 유명 연예인이 나와 눈, 코, 턱, 이마 등의 얼굴 부위 성형뿐 아니라 가슴 및 엉덩이 지방 이식, 보톡스 등 지속적으로 성형수술을 받은 사실을 밝힌 후 솔직하다는 찬사를 받는 경우가 빈번하다. 사람들은 연예인이라면 누구나 관리 차원에서 공공연하게 성형수술을 받는 것으로 알고 있다. 하지만 그 결과에 만족하지 않고 지속적으로 수술을 받는다면 그것은 좀 더 심각한 문제로 생각해야 할 것이다.

미용 목적의 성형수술을 요구하는 환자 중 심각한 정신과적 문제가 있는 경우, 수술 후 결과에 만족하지 못하고 지속적으로 재수술을 요구하여 환자 자신과 의료진 모두에게 피해를 줄 수 있다. 또한 그들은 '성형 중독'으로 발전할 가능성 역시 높다. 즉, 알코올이나 약물만이 중독을 일으키는 것이 아니라 성형수술도 중독으로 이어질 수 있다는 것이다.

성형 중독이란 단순한 교정 차원이 아니라 심리적 이유나 사회적 열등감, 갈등, 비현실적 기대감 등에 의해 성형수술에 집착하는 것으로, 정신의학의 '추형외모증후군'과 유사한 심리 상태를 갖는다. 즉, 성형 중독에 빠지면 객관적인 기준과는 상관없이 자신의 외모가 추하다는 콤플렉스에 빠져 아무리 수술을 해도 만족하지 못한다.

2. 성형 중독에 빠지면

중독은 크게 기분을 변화시키기 위해 특정 물질에 의존하는 물질 중독과 특정 활동이나 사건에 의존하는 행위 중독으로 구분할 수 있다.[2] 일반적으로 널리 알려진 물질 중독에는 니코틴 중독, 알코올 중독 및 다양한 불법적인 약물중독이 있다. 한편, 행위 중독으로는 도박 중독과 인터넷 중독이 있으며 성형 중독 역시 그것의 한 형태라고 볼 수 있다. 행위 중독의 경우에 그것을 중독으로 보는 것이 한때 논란이 되기도 했지만 물질뿐만 아니라 행동에 대해서도 습관성 화학반응이 일어날 수 있다는 최근의 연구에 의해 약물중독과 더불

2) 이소정(2003). 중독 관련 행동문제에 대한 일반인들의 인식조사. 한국중독정신의학회지, 7(1), 53-59.

어 중독 현상이 나타나는 2가지 영역 중 하나로 인정받게 되었다.[3)]

그랜트 마틴(1990)[4)]은 중독의 진행 과정 중 마지막 단계인 통제 불능 단계에 접어들면 중독의 매개체만이 생활의 원천이자 삶의 목적이 되며, 그러한 강한 몰입과 집착으로 특정한 개입이 없는 한 중독 상태를 벗어날 수 없다고 하였다. 따라서 성형 중독 역시 다른 중독과 마찬가지로 반복적인 행동, 증가된 긴장, 높은 불안, 심리적인 의존성, 비현실적인 사고, 불가항력적인 충동, 통제력 상실, 낮은 자존감 등을 유발할 수 있다. 그에 따라 중독된 성형 행위를 통해 기분의 변화를 추구하게 되며, 그 결과 개인의 건전한 정상 생활이 방해받는 것이 일반적인 특징이다. 또한 정신의학적인 측면에서 성형 중독은 단순히 어떤 대상을 탐닉하는 것만으로는 부족하며, 의존성, 내성, 금단증상의 발현을 필요조건으로 한다. 구체적인 성형 중독 증상은 다음과 같다.

1) 성형수술에 대한 욕구가 더욱 강렬해지고, 그것에 많은 시간을 할애한다

성형수술을 경험한 사람일수록 그것을 한 후에 느끼는 만족감은 잠시뿐이고 곧 마음에 들지 않는 다른 신체 부위가 생겨나 이에 대한 성형 욕구가 더욱 강해진다. 따라서 그로 인해 예상했던 것보다

3) Griffiths, M. D. (1995). Technological addictions, *Clinical Psychology forum, 76*, 14-19.

4) Martin, G. L. (1990). *When Good Things Become Addictions*. Wheaton, IL: Victor Books.

더 많은 돈을 성형수술비로 쓰게 될 수도 있다. 또한 성형 중독자는 성형수술에 많은 시간을 할애하고 그것을 함으로써 만족을 얻으며, 자의나 타의에 의해 더 이상 그것을 할 수 없을 때나 그만해야 할 것이라고 예견될 때 상실감과 고통을 경험한다.

2) 성형수술로 인해 정상적인 생활을 영위하는 것이 어렵다

성형 중독자는 과도한 성형수술과 그에 대한 욕구로 인해 생활에 피해를 입고 정상적인 일상생활을 영위하는 것이 어려워진다. 그러한 부정적인 영향은 사회적 · 관계적 · 육체적 및 금전적 영역에 걸쳐 광범위하게 나타난다. 또한 성형수술 후 회복 기간으로 인해 업무나 학업에도 지장을 초래할 수 있고, 그 기간에는 대인 간의 접촉 또한 피하게 된다. 지나친 성형수술로 인해 가족과의 갈등도 생기는데, 가정주부의 경우 남편이나 자녀에게 소홀해질 수 있다. 더불어 성형수술 부작용으로 인해 신체 건강의 문제가 생길 수도 있고 성형수술에 드는 막대한 비용으로 경제적 어려움에 처할 수도 있다.

3) 성형수술을 통해 미적 신장과 긍정적 성격 변화를 기대한다

성형수술을 원하는 사람들은 수술을 통해 자신이 만족감을 느끼게 되고 자신감이 커지며 더욱 행복해지리라고 기대한다. 특히 성형수술을 1회 이상 경험한 여성의 경우, 경험이 없는 여성에 비해 긍정적 기대가 더욱 높게 나타나는 경향이 있으며, 그것에 대해 호의적인 태도를 갖는다. 더욱이 그들은 더 큰 만족감을 얻고자 성형수술을 지속적으로 하게 된다.

4) 일상생활에 지장을 줄 정도로 성형수술에 대한 생각을 과도하게 한다

성형 중독자는 성형외과 정보, 성형수술 방법, 타인의 성형 전후 외모 변화 등에 관심이 매우 높고 그러한 정보에 흥미를 느끼며 그것을 찾느라 많은 시간을 소비한다. 그들은 고치고 싶은 신체 부위에 집착하고, 그러한 집착은 자신의 신체에 대한 콤플렉스로 발전하여 고치지 않으면 안 될 것 같은 생각에 사로잡히게 된다.

3. 나는 성형 중독일까

최근 성형 중독자의 수가 증가하면서 성형 중독의 위험 수준을 평가할 수 있는 성형 중독 척도[5]가 개발되었다. 이것은 자신의 성형 중독 정도를 양적으로 측정할 수 있는 자가 점검표로, 각 문항마다 자신이 해당하는 항목에 표시하고 그 점수를 모두 합한 후 총 문항 수로 나누어 자신이 해당하는 점수를 알아볼 수 있게 되어 있다.

5) 임인숙(2008). 성형 중독 척도 제작과 타당화를 위한 예비적 연구. 충북대학교 대학원 석사학위논문.

성형 중독 자가 점검표

	문항	전혀 아니다	아니다	보통	그렇다	매우 그렇다
	내성 · 의존 요인					
1	나는 계획보다 많은 돈을 성형수술비로 쓴 적이 있다.	0	1	2	3	4
2	나는 성형수술을 한 후 다른 곳을 더 하고 싶은 마음이 든다.	0	1	2	3	4
3	나는 성형수술을 한 번 해 보고 나서 성형수술에 대한 욕구가 더 커졌다.	0	1	2	3	4
4	나는 성형수술을 한 부위가 마음에 들지 않으면 몇 번이고 재수술을 할 의향이 있다.	0	1	2	3	4
5	성형수술을 여기서 그만둔다면 나는 희망이 사라질 것이다.	0	1	2	3	4
6	만약 앞으로 성형수술을 할 수 없게 된다면 견디기 힘들 것이다.	0	1	2	3	4
	합계 평균 점수					
	생활 장애 요인					
1	성형수술에 대한 나의 관심이 가족이나 대인 간에 긴장을 조성할 때가 있다.	0	1	2	3	4
2	나는 다른 목적으로 써야 할 돈을 성형수술에 쓴 적이 있다.	0	1	2	3	4
3	나는 성형수술비 마련을 위해 무리하게 돈을 벌어 본 적이 있다.	0	1	2	3	4
4	나는 성형수술 때문에 학업이나 업무에 지장을 초래한 적이 있다.	0	1	2	3	4
5	나는 주변 사람들로부터 성형수술을 많이 한다는 지적을 받는다.	0	1	2	3	4
6	나는 성형수술로 인해 정작 써야 할 일(생활비, 학비 등)에 돈을 쓰지 못한 적이 있다.	0	1	2	3	4
	합계 평균 점수					

긍정적 기대 요인						
1	성형수술은 외모 결함을 치유해 주고 자기만족을 준다.	0	1	2	3	4
2	만약 성형수술을 해서 텔레비전이나 영화에 나오는 잘생기고 예쁜 연예인 같은 외모를 갖게 된다면 나는 성형수술을 할 의향이 있다.	0	1	2	3	4
3	성형수술은 내 성격을 긍정적으로 변화시킬 수 있을 것이다.	0	1	2	3	4
4	나는 성형수술을 하면 지금보다 더 행복할 것이라고 생각한다.	0	1	2	3	4
5	나는 성형수술을 하고 나면 사회적 성공에 보다 가까워질 수 있을 것이다.	0	1	2	3	4
6	성형수술을 통해 나의 자신감이 더욱 향상되리라 믿는다.	0	1	2	3	4
합계 평균 점수						
병적 몰입 요인						
1	나는 주기적으로 성형외과에서 상담을 받곤 한다.	0	1	2	3	4
2	성형수술을 위해 시간과 돈을 투자하는 것은 아깝지 않다.	0	1	2	3	4
3	나는 마음에 들지 않는 신체 부위가 있다고 느끼면 그곳을 고치기 전까지는 그것에 대한 생각을 떨쳐버릴 수 없다.	0	1	2	3	4
4	나는 평소에 성형수술 후 예뻐질 내 모습을 기대하면서 괴로운 생각을 잊는다.	0	1	2	3	4
5	나는 생활이 무기력하고 목표가 없을 때 성형수술을 삶의 목표로 삼고자 하거나 그랬던 적이 있다.	0	1	2	3	4
6	나는 다른 일을 하는 것보다 성형에 관한 정보(인터넷 사이트, 성형외과 정보)를 얻는 데 더 많은 시간을 소비한다.	0	1	2	3	4
합계 평균 점수						
총점						

평균	상태	설명
모든 요인이 평균 2.5점 미만일 경우	안정군	성형중독 위험이 없음
긍정적 기대 요인만 평균 2.5점 이상이고, 나머지 요인들이 평균 2.5점 미만일 경우	긍정기대군	성형에 대해 긍정적으로 평가함
모든 요인이 평균 2.5점 이상 3.5점 이하일 경우	중독위험군	성형중독 가능성이 있음
모든 요인이 평균 3.5점을 초과할 경우	성형중독군	성형중독 위험이 높음

채 박사와 함께하는 성형 중독 스스로 극복하기

'나는 어디가 못생겼다.', '나는 다른 사람들에 비해 너무 못생겼다.'라고 느끼는 사람들은 자신의 외모를 객관적인 시각으로 보지 않고 지극히 주관적으로 평가하는 경우가 많으며, 그러한 신체상은 자존감과 긴밀히 연결된다. 반면, 어려서부터 사랑과 인정을 많이 받은 사람들은 사회적 분위기나 통념이라는 기준에 의해 자신을 평가하기보다 자신의 있는 그대로의 매력을 발견하고 만족하는 편이다.

물론 간단한 성형수술이나 시술을 통해 낮은 자존감을 회복하고 보다 적극적이고 긍정적인 모습을 갖게 될 수는 있다. 하지만 자신의 신체가 추하다는 자기개념을 형성한 사람은 열등의식을 갖고 부정적인 자기개념을 형성할 수 있기 때문에 예전보다 외모가 아름다워지더라도 객관적인 기준과는 상관없이 스스로를 자꾸 수정해야 할 존재로 여기게 된다. 즉, 미용 목적의 성형수술을 받는 환자는 자신의 신체적 외모에 만족하지 못할 때 성형수술을 추구하는 경향이 있으므로 결국 신체상이 그러한 성형수술의 가장 직접적인 동기가 된다고 할 수 있다.[6]

얼마 전 모 텔레비전 프로그램에 출연하여 7년간 성형외과 시술을 120여 차례 했다고 밝힌 한 여성 역시 '인생을 새로 시작할 수

6) Sarwer, D. B., Wadden, T. A., Pertschuk, M. J., & Whitaker, L. A. (1998). Body Image Dissatisfaction and Body Dysmorphic Disorder in 100 Cosmetic Surgery Patients. *Journal of Plastic Reconstruct Surgery, 101*, 1644-1649.

있는 가장 빠른 방법이 성형'이라며 앞으로도 성형수술을 계속하겠다고 이야기했다. 그녀에게 성형수술을 하는 이유를 물었을 때 '더 나은 사람이 되고 싶지만 능력을 쌓을 수는 없고, 제일 빠르고 쉽게 살 수 있는 것이 얼굴을 고치는 것'이라고 답한 점만 보더라도 성형 중독자가 가진 부정적 신체상이 곧 성형 동기가 됨을 알 수 있다.

〈우리 가족은 성형 중독〉(2009)이라는 스웨덴의 다큐멘터리 영화는 감독 자신을 제외한 가족원 28명이 모두 성형 중독에 걸린 이야기를 다루고 있다. 이 영화에서는 '성형'을 곧 '내면의 상처'에 비유하며, 성형수술이라는 차가운 수술 장갑을 통해 자신의 아픈 상처를 도려내기보다 상처받은 마음을 치유할 것을 전하고 있다. 따라서 성형 중독 치료의 핵심은 자존감을 떨어뜨리는 부정적 사고를 합리적이고 긍정적인 사고로 바꿔서 자존감을 향상시키는 것이어야 한다. 다음에서 제시하고 있는 방법들은 자기 스스로를 들여다보게 하여 부정적인 신체상이나 성형수술 욕구가 느껴질 때 합리적인 사고와 결정을 할 수 있도록 도와줄 것이다.

1) 첫 번째 단계: 부정적 신체상에 대한 자동적 사고를 변화시키기

성형 중독자는 일반적으로 자신의 신체에 대해 자동적으로 떠오르는 생각을 갖고 있는데, 그러한 생각은 대부분 부정적이고 비합리적인 경우가 많다. 다음의 표는 자신의 신체에 대한 부정적인 생각이 떠올랐을 때의 상황을 구체적으로 적어 보는 일지다. 이것을 통해 자존감을 저하시키는 비합리적인 신념을 합리적인 신념으로 바꿈으로써 손쉽게 자존감을 향상시킬 수 있다.

일시	상황	자동적 사고	감정	합리적 반응	결과
㉠ 11월 12일 밤 10시	㉠ 세안 후 나의 얼굴을 봄.	㉠ '난 왜 이렇게 못 생겼을까?'	㉠ 비참함, 슬픔, 우울함.	㉠ 사람마다 다 개성이 있는 거야!'	㉠ 만족감을 느낌.

2) 두 번째 단계: 성형수술 의향을 느낄 때 자동적 사고를 변화시키기

첫 번째 단계에서 평상시 자존감을 저하시키는 자신의 생각을 소리 내어 반박했다면, 2단계에서는 보다 구체적으로 성형수술 의향을 느낄 때 어떤 비합리적인 생각이 떠오르는지, 그리고 그 생각을 어떻게 합리적인 생각으로 바꿀 것인지에 대해 연습한다. 1단계와 마찬가지로, 성형수술 충동이 느껴질 때의 상황을 구체적으로 작성함으로써 자신의 생각을 반박해 보자.

일시	상황	자동적 사고	감정	합리적 반응	결과
㉠ 11월 16일 오후 2~4시	㉠ 성형수술을 해서 예뻐진 연예인을 봄.	㉠ '나도 하면 분명히 쟤처럼 예뻐질거야."	㉠ 흥분됨.	㉠ '아니야, 또 한다고 해서 크게 달라지지 않아, 나는 나야!'	㉠ 스스로가 대견하다고 느낌.

3) 세 번째 단계: 성형 충동을 일으키는 위험한 상황에 대해 생각해 보기

마음을 다잡았음에도 외적인 환경으로 인해 또다시 성형 충동이 일어나는 경험 역시 많이 있을 것이다. 그렇다면 성형 충동을 일으키는 위험한 상황이 외부의 사건(환경적인 영향)인지 내면의 사건(개인적인 영향)인지 구분하여, 그것이 자신에게 미치는 긍정적 영향과 부정적 영향을 차분히 생각해 보자.

성형 충동을 일으키는 위험한 상황

사건 / 영향	외부 사건	내면 사건
	예 성형수술을 해서 예뻐진 친구를 만남.	예 낮은 코를 볼 때마다 스트레스를 받음.
긍정적 영향	예 성형수술에 대한 객관적인 정보를 수집하여 자신에게 맞는 방법인지를 점검함.	예 외모가 아닌 다른 능력을 계발하기 위해 노력함. 성형수술로 인한 신체적·정신적·경제적 부담을 덜게 됨.
부정적 영향	예 예뻐진 친구와 자신을 비교함.	예 낮은 코 때문에 사회적 불이익을 받는다고 생각함. 자존감이 저하되고 대인 기피가 생김.

4) 네 번째 단계: 성형 충동을 허락하는 생각을 반박하기

만약 세 번째 단계에서 성형 충동을 허락하고 있는 자신의 생각을 발견했다면, 그 생각을 논리적으로 반박하는 것도 방법이 된다.

위험 상황	허락하는 생각	반박하는 생각
예 친구가 양악수술을 하고 예뻐진 모습으로 나타남.	예 그래, 나도 하면 예뻐질 거야.'	예 아니야! 또 한다고 해도 크게 달라지지 않고 다른 부위를 또 하려고 할 거야. 이제 그만!'

5) 다섯 번째 단계: 문제 상황 대처하기

마지막으로 자신의 신체상에 대해 부정적인 생각이 들게 하거나 성형수술 의향 또는 충동이 느껴지게 하는 문제 상황에 대처하는 연습을 함으로써 성형수술이 아닌 다른 문제 해결 방법이 있는지 가능한 대안을 생각해 보는 것이 좋다. 그러기 위해서는 먼저 문제를 인식하고 자신의 자동적 사고를 알아차려서 그에 대응하는 긍정적/대안적 사고를 찾아내는 연습을 해야 한다.

이제 앞서 연습한 모든 방법을 적용해 보고 소리 내어 연습해 보자.

첫 번째 단계: 문제를 명확하고 구체적으로 정의한다.

- 예 직장에서 뚱뚱한 몸매 때문에 은근히 놀림을 받고 있다.

두 번째 단계: 가능한 한 많은 해결책을 나열한다.

- 예 놀리는 사람을 찾아가 놀리지 말라고 이야기한다.
- 예 식단 조절과 운동을 통해 다이어트를 한다.
- 예 지방흡입술을 받는다.
- 예 나는 나다. 놀리거나 말거나 이대로 살 것이다.

세 번째 단계: 가능한 해결책을 고른다. 이중 최선의 방법을 선택한다.

	10점 만점 중 몇 점?
- 예 놀리는 사람을 찾아가 놀리지 말라고 이야기한다.	(7 점)
- 예 식단 조절과 운동을 통해 다이어트를 한다.	(10 점)
- 예 지방흡입술을 받는다.	(3 점)
- 예 나는 나다. 놀리거나 말거나 이대로 살 것이다.	(5 점)
* 가장 높은 점수의 해결책을 적용한다.	

네 번째 단계: 해결책을 적용해 본 후 어떻게 되었나?

- 예 다른 사람들이 놀리는 것이 의식되어 식단 조절과 운동을 통해 다이어트를 시작했는데, 오히려 살이 빠지는 것보다도 건강과 활력을 찾을 수 있어 더욱 좋았다.

첫 번째 단계: 문제를 명확하고 구체적으로 정의한다.

–

두 번째 단계: 가능한 한 많은 해결책을 나열한다.

–

–

–

–

세 번째 단계: 가능한 해결책을 고른다. 이중 최선의 방법을 선택한다.

	10점 만점 중 몇 점?
–	(　　점)
–	(　　점)
–	(　　점)
–	(　　점)
* 가장 높은 점수의 해결책을 적용한다.	

네 번째 단계: 해결책을 적용해 본 후 어떻게 되었나?

앞서 제시한 5단계 방법 외에, 평상시 자신의 단점보다 장점을 들여다보는 연습을 하는 것도 좋다. 자신에 대한 부정적인 생각을 긍정적으로 바꾸기 위한 연습은 다음과 같다.

부정적인 생각을 긍정적으로 바꿔 봐요

• 나는 눈이 너무 작아. • 나는 쌍꺼풀도 없고, 속상해 죽겠어. • 나는 정말 미술에 소질이 없어.	➡	• 난 눈이 크지는 않지만 그래도 동양적인 매력이 있다고 생각해. • 요즘엔 쌍꺼풀이 없는 눈을 더 선호하기도 한대. • 그래도 난 노래를 잘하잖아.
	➡	

마지막으로 덧붙인다면, 신체 존중감이 낮은 사람은 높은 사람에 비해 대부분 자신의 신체를 관리하는 경험 및 의도가 높은 편이다. 그러한 신체 존중감이 낮은 사람 중에서도 개인의 노력 여하에 따라 신체가 바뀔 수 있다고 지각하는 사람은 운동을 통해 신체를 변화시키려는 행위를 선호하지만, 그렇지 않은 사람은 성형과 같은 외과적 시술이나 전문적인 섭식 제품 및 프로그램을 통해 신체를 변화시키려 한다. 하지만 수술과는 달리 매일의 규칙적인 운동을 통해 변화된 자신의 모습을 관찰한다면 보다 건강하게 아름다워지는 자신을 발견할 수 있을 것이며, 신체 변화와 함께 정신적 건강을 가져올 수도 있고, 그에 대한 만족감도 매우 높아질 것이다. 따라서 운동

과 같은 건강한 방법으로 외모 콤플렉스를 극복해 보자. 운동 관리 일지를 작성하고 변화하는 자신의 모습을 사진으로 남겨 보는 것도 좋은 방법이다.

전문가의 도움도 필요해요

사람들은 누구나 예뻐 보이거나 잘나 보이고 싶어 하기 때문에 성형수술로 자신의 신체 부위를 한두 군데 고친다면 연예인처럼 예뻐질 수 있을 것이라 생각한다. 그러나 성형수술은 도깨비 방망이가 아니다. '조금만 더 하면…….'이라는 생각으로 한 번 수술한 부위를 자꾸 건드리면 오히려 부작용으로 더 큰 고통에 시달릴 수 있다. 스스로 노력하고 있음에도 성형 충동을 억제하기 어렵고 성형수술 행위를 반복하게 된다면 반드시 전문적인 치료 기관에 내방하여 도움을 받아야 한다.

일본이나 미국에서는 성형 중독증을 효과적으로 막기 위해 성형수술을 하기 전 반드시 정신과 상담을 받고 '성형수술을 해도 좋다.'는 정신과 전문의의 진단서를 첨부하도록 하고 있다. 또한 뉴질랜드는 성형 숙려제를 시행하고 있는데 성급한 이혼을 막기 위해 이혼 숙려제를 두는 것처럼 성형수술을 앞둔 환자에게도 일주일간 더 신중히 생각하게 하는 것이다. 하지만 한국에는 그러한 제도적 과정이 없기 때문에 성형외과 전문의와 충분히 상담해야 하고, 필요하다면 정신과 상담도 받아 보는 것이 좋다. 따라서 객관적이고 책임감 있는 성형외과 전문의 5명에게 상담을 받아 본 후,

그중 2명이 다시 생각해 보라고 권유하면 고민할 시간을 갖는 것이 바람직하다.

이러한 제도적인 정비도 중요하지만 무엇보다 가장 중요한 것은 자존감을 향상시키고 신체상에 대한 지각을 긍정적으로 변화시킬 수 있는 상담이다. 따라서 자신이 성형 중독일 가능성이 높다면 일단 가까운 상담소를 찾아 성형 중독 행위로 이끄는 성격, 심리 상태, 생활환경, 사회적 배경, 수술 동기가 무엇인지 찾아내고, 부정적인 신체상을 긍정적으로 차차 변화시키려고 노력해야 한다. 또한 자신의 신체 일부가 마음에 들지 않는다면 무조건 그 부위를 차가운 수술 칼로 도려내기보다 자신의 마음속에 어떤 상처가 있지는 않은지 내면의 상처를 들여다보는 노력을 우선해야 할 것이다. 애꿎은 살을 도려내고 찢고 꿰매기보다 내면의 상처를 어루만져 주고 도닥여 주며 치유해 주는 과정이 근본적인 문제 해결책에 더욱 가까울 것이다.

관련 자료

• 도서

김명남 역(2011). 몸에 갇힌 사람들. S. Orbach의 *Bodies*. 서울: 창비.
김수신(2012). 플라스틱 드림. 서울: 비아북.
성영신, 박은아(2009). 아름다움의 권력. 서울: 소울메이트.
이민규(2001). 생각을 바꾸면 생각이 달라진다. 서울: 교육과학사.
정수현(2010). 페이스 쇼퍼. 서울: 자음과모음.

• **영화**

〈미녀는 괴로워〉(2006)

〈우리 가족은 성형중독(원제: Beauty Refugee)〉(2009)

〈헤어스프레이(원제: Hairspray)〉(2007)

3 성 중독

세계적인 프로 골퍼 타이거 우즈와 전 미국 대통령 빌 클린턴은 성 중독 치료를 받았고 마이클 더글러스, 찰리 쉰, 데이비드 듀코브니 등 해외의 여러 유명 스타들 역시 섹스 스캔들로 구설수에 오른 적이 있다. 이처럼 미국 남성 가운데 5~8%가 성 중독에 시달리고 있다고 할 만큼 외국에서도 성 중독 문제는 심각하다.

우리 사회에서는 성 중독이 깊이 은폐된 채 급속히 확산되고 있어, 개인이나 가정, 사회에 미치는 그것의 영향이 더 치명적일 것이라는 우려가 있다. 우리나라에서 성이 왜곡되고 비밀스러운 이유 중 하나는 유교 문화의 영향으로 성을 금기시하고 그것을 드러내어 말하지 않으려 하는 특징 때문이다. 하지만 그러한 성 문화는 가정이나 사회에서 건전한 성교육과 토의가 이루어질 기회도 함께 차단하여 성에 대한 올바른 가치관과 태도를 확립하는 데 방해가 된다. 또한 어린 시절부터의 음란물 접촉 및 과다 사용은 성 가치관을 파괴시키거나 성에 대한 왜곡된 환상을 불러일으켜 성 중독의 확산에 영향을 준다.

인간은 성적 존재로서 성을 경험하고 성을 통해 자기 자신을 표현한다. 성욕은 인간의 기본적인 욕구로, 흔히 그것을 식욕에 비교하기도 하는데 배고픈 것이 죄가 아니듯 성욕 자체가 문제인 것은 아니다. 그러나 스스로 성적 욕망을 통제하지 못하고 성적 행위가 수용될 수 있는 범위를 넘어섰을 때, 그것은 자신을 파괴하고 사회를 병들게 하는 등 매우 위협적인 것이 된다.

성 중독은 다양한 형태로 나타날 수 있는데, 최근 몇 년 사이에 우리 사회에서 일어난 조두순 사건, 김길태 사건, 김수철 사건과 같은 성범죄 사건들이 아마도 그로 인해 발생할 수 있는 최악의 결과물이라고 할 수 있을 것이다. 다음은 성 중독으로 인해 발생한 대표적인 성폭력 사례다.

M씨는 중소기업에 다니고 있는 27세의 평범한 회사원으로, 5세 때 친모와 사별하고 고등학교 졸업 이후 혼자 살고 있다. 그는 어릴 때부터 음란물을 보면서 거의 매일 자위행위를 하였고 창문 너머 이웃 누나의 방을 몰래 들여다보다가 들켜 곤혹을 치른 적도 있었다. 언제부턴가 M씨는 술을 마시면 성매매를 하는 것이 습관처럼 되었고, 술과 성매매 비용을 마련하기 위해 대출까지 받는 등 일상생활을 유지하는 데에도 어려움을 겪게 됐다.

자신의 행동이 잘못되었다는 것을 알고 이를 중단하기 위해 노력도 했지만 멈출 수가 없었다. M씨에게 그러한 행위는 성적인 욕구 충족은 물론 자기 존재를 확인할 수 있는 유일한 수단이었기 때문이다. 그는 이러한 자신을 누가 알까 두려워 업무적인 것 외에는 사람들과의 접촉도 피하면서 스스로를 고립시켜 왔다. 그러나 그의 그러한 문제는 최근 술을 마신 상태에서 혼자 사는 여직원을 바래다주겠다고 집까지 쫓아간 후 성폭행한 일로 조사를 받으면서 드러났다.

앞의 사례와 같이 성 중독은 심한 자위행위를 하게 하거나 성매매 업소를 자주 찾게 한다. 심하게는 직장 동료, 이웃, 가까운 사람까지 성적 대상으로 삼게 하여 성폭행에까지 이르는 심각한 중독 현상이다. 따라서 지금부터 제시하는 내용을 읽으며 무분별한 성이 범람하는 사회에서 성에 중독되지 않은 신체적 · 정신적 건강은 물론 인간관계를 유지하기 위한 '건강한 성이란 무엇인지' 다시 한 번 생각해 보기 바란다.

1. 성 중독이란

성 중독이란 강박적으로 성적 행동을 추구하면서 자기 통제력을 상실하여 여러 가지 행동상의 문제를 일으키는 것을 말한다. 즉, 성 중독은 심한 공허감과 고독감을 느끼는 상태에서 시간과 장소에 관계없이 성적 모험을 통해 자기 존재를 확인하고자 성적인 집착을 보이는 정신적 불안증이며, 성욕 과잉증, 성적 강박증 등으로도 불린다.[1] 성 중독자는 그러한 강박적인 성적 추구가 만족되지 않으면 자기를 지속적으로 파괴시키거나 점점 더 위험도가 높은 성적 모험을 추구함으로써 혼란스럽고 공허한 자기 존재를 확인하려고 한다. 성 중독은 그와 같이 무분별한 성적 체험을 포함하는 개념이며, 전 미국 대통령인 빌 클린턴이 여직원과 부적절한 성 행동을 한 것이 그것의 대표적인 사례로 꼽힌다.

성 중독의 종류에는 성욕 중독과 여성에게서 많이 나타나는 애정 중독, 왜곡된 성 생활에 대한 중독 현상인 성도착증과 같은 것이 있다. 하지만 모든 성 중독자가 다 같은 성 중독에 빠지는 것은 아니다. 즉, 성 중독 현상은 일반적인 단계, 불법적 행위 단계, 범죄행위 단계로 구분할 수 있다.

일반적인 단계는 적극적인 성적 공상, 충동적인 자위행위, 외도, 음란물 감상 등을 하는 단계이며, 불법적 행위 단계로는 노출증, 관음증, 성적 가학증 등이 있다. 그리고 가장 문제가 되는 범죄행위 단계는 아동 성폭행이나 근친상간, 강간 등 생명을 위협하는 행동을 포함한다. 초기에는 내적인 행위만을 하기도 하지만 개인 및 유형에 따라 정상적으로 보이는 자발적 상대방과의 성관계에서부터 강간이나 근친상간과 같은 불법적이고 학대적인 성 행동까지 다양하게 나타낼 수 있다.

1) Carnes, P. (1983). *Out of shadows: Understanding Sexual Addiction*. Minneapolis, MN: CompCare Publication.

2. 성 중독에 빠지면

성 중독자의 공통적인 특징은 성 충동을 참을 수 없거나 조절할 수 없고, 같은 사람 또는 다른 사람과 과도한 횟수의 성교를 해야 한다는 것이다. 그들은 성교 이외에는 어떤 것에도 흥미를 느끼지 못하며, 성으로 보상을 받으려고 한다. 성 충동이 일어나면 불안하거나 우울하고 기분이 들뜨기도 하다가, 성교가 끝나면 심한 자괴감과 절망감을 느끼는 등 성 행동 전후로 심한 감정의 변화를 겪는다. 그리고 성 행동과 그 가능성만을 쫓다 보니까 가정이나 직장을 소홀히 하게 되고 그러한 숨겨진 충동은 삶의 중요한 영역으로까지 확대된다.

그들은 문제에 효율적으로 대처하는 기술이 부족하고, 고통을 피하기 위한 유일한 해결책이자 도피처로 성을 이용한다. 또한 성행위만을 사랑의 욕구 충족 수단으로 보고, 성욕을 채워야만 하는 것으로 생각하며, 사랑과 성을 혼동한다. 그들은 또한 친밀한 관계를 형성하지 못하고 빈약한 관계를 맺는데, 그에 따르는 고통을 피하기 위한 수단으로 성 행동을 하며 심한 경우에는 정상적인 사회생활도 하지 못한다.

자기 파괴적이고 위험성이 높은 성 행동을 끊임없이 추구하여 의학적 · 법적 문제를 일으키는 경우도 있다. 그럼에도 성 중독자는 성 경험에서 얻을 수 있는 순간적 흥분 때문에 그러한 행동을 끊을 수 없다. 성 중독자는 자신의 행동에 대해 더 이상 무엇을 할 능력이 없는 것처럼 느끼고, 그러한 자신을 싫어하면서도 성 중독 행위를 계속하게 된다.

그랜트 마틴(1990)은 성 중독자의 체험이 다음과 같은 4단계를 반복한다고 제안하고 있다.

1) 성적 상상에 몰입한다

성 중독자는 내적인 불안이나 고통 등을 피하고 해소하기 위해서 특정한 성 행동에 몰입한다. 그들은 대부분 자신이 과거에 스트레스를 회피하거나 대처하는 데 효과적이었던 성 행동을 갈구하고, 그것에 집착하게 된다. 즉, 한번 타인 앞에서 성기를 노출하는 것으로 고통을 피하거나 쾌감을 경험했던 사람은 계속 어떻게 성기를 노출할 것인가 상상한다. 또한 여러 이성과 성관계를 맺었던 경험이 있는 사람은 의도적으로 이성에게 접근해 성관계를 갖는 상상을 하면서 성적인 흥분을 느끼거나 쾌감을 느꼈던 대상을 갈구하면서 집착하게 된다.

2) 성적인 행동을 의식화한다

의식은 중독자를 성 행동으로 이끄는 특별한 습관이다. 따라서 이 단계는 자신이 선호하는 성적 상상을 습관적 행동으로 옮기는 단계다. 기대되는 장소를 배회하고, 대상을 바라보고 기다리며 성 행동을 준비한다. 즉, 성기를 노출하고 싶은 중독자는 장소를 물색하기 위해 골목길이나 여학교 등을 찾아 나서고, 공공장소에서의 이성과의 신체적 접촉에 중독된 사람은 붐비는 대중교통을 이용하려고 하는 등 성적 환상이나 상상 속에서 추구했던 계획을 구체적으로 실행하기 위한 다양한 성 의식을 나타낸다.

3) 강박적인 성 행동을 한다

성적 상상을 행동화하면서 강박적으로 성 행동을 표현하는 단계다. 이 시점에 이르면 자신이 이전에 성 행동을 멈추기 위해 사용했던 방법은 효력이 사라지고, 성적 사고와 행동에 대한 통제력 또한 상실한다. 즉, 성기 노출이나 붐비는 지하철에서의 성 접촉 등을 통해 성적인 절정감과 오르가즘을 느끼면서 자신의 성 행동을 통제할 수 없게 된다.

4) 자포자기한다

자신의 행동과 무기력에 대해 절망감에 빠져 자포자기하는 단계다. 강박적 성 행동으로 인한 절정감과 오르가즘이 끝나면 갑자기 자신이 무가치하다고 느끼며, 우울하고 불안하다는 생각에 빠져 성 행동에 대한 죄책감과 허탈감을 느낀다. 이러한 느낌은 자신이 성 행동을 통제하지 못했다는 것에 대한 무기력감과 더 이상의 방도를 찾지 못한다고 느낄 때 찾아오는 절망감이다.

중독자는 자기 연민이나 자기 증오를 경험하고 그것이 지나치면 자살을 시도하기도 한다. 그러면서 그러한 심리적 고통을 해소하기 위한 첫 단계인 몰입을 사용함으로써 이 4단계를 반복하기도 한다. 그로 인해 성 중독자는 매일, 매주, 매달 무제한 반복되는 악순환에 빠지게 된다.

많은 성 중독자가 위험을 무릅쓰고 성 행동을 추구하며, 위험 자체로 오히려 기분이 고조되기 때문에 에이즈 또는 다른 전염성 질환을 얻거나 직장, 배우자, 친구, 돈 등을 잃는 위험을 감수하면서까지 성 행동을 계속한다. 그들은 또한 다른 행위나 물질에도 중독되기 쉽다. 특히 알코올 중독, 마약중독, 일중독, 쇼핑 중독, 도박 중독, 다이어트 중독 등의 다른 중독을 동반하는 경우가 흔하다.

성 중독은 다른 일반적인 중독 현상과 같이 심리적 의존, 신체적 의존, 금단증상 등을 동반한다. 스스로 성행위를 통제할 수 없는 중독 상태에서는 전문가의 도움을 받아야만 치료가 가능하므로 필요한 경우에는 상담, 약물치료 등의 즉각적인 개입이 필요하다. 무엇보다도 성 중독의 늪에 빠지지 않는 것이 중요하며, 만일 그 가능성이 보인다면 즉시 치료를 통해 벗어날 수 있어야 하겠다.

3. 나는 성 중독일까

다음은 성 중독의 가능성을 확인하기 위한 질문지다. 이것은 성 관련 문제가 어느 정도인지 스스로 확인하기 위한 것으로, 각 질문에 솔직하게 답한 후 표시한 항목을 합산하면 된다(각 항목당 1점씩).

___ 1. 아침과 저녁 잠자리에서 새로운 성관계에 관한 계획을 세우는가?

___2. 직장 혹은 가정에서 인터넷으로 성에 관한 동영상을 보는가?

___3. 포르노, 사진, 잡지, 비디오, 컴퓨터 이미지 등을 몰래 소지하고 있는가?

___4. 연인이나 아내가 있음에도 다른 사람들과 성관계를 맺고 있는가?

___5. 성관계나 그와 관련된 것을 위해 돈을 소비하고 있는가?

___6. 섹스파트너를 찾아다니는 일에 시간을 소비하고 있는가?

___7. 기분전환을 위한 방편으로 성관계를 갖는가?

___8. 성관계를 가질 때 상대방을 지배하는 느낌을 좋아하는가?

___9. 기억할 수 없을 정도로 섹스파트너가 많았는가?

___10. 성적 환상과 계획, 자위행위 혹은 그 밖의 다른 성적 활동에 여가 시간을 사용하는가?

___11. 자신이 발견된다면 창피할 것이라고 생각하는 곳(예: 키스방, 성매매업소 등)을 찾아다니고 있는가?

___12. 자신의 성 행동에 대해 가까운 이들에게 거짓말을 하고 있는가?

___13. 자신의 성 관련 상황이 알려질 것이 두려워 사람들을 멀리하고 있는가?

___14. 성적 대상으로 연약하고 순진하며 취약한 사람을 찾고 있는가?

___15. 성적 경험에서 자주 실망하는가?

___16. 거의 발각될 뻔했기 때문에 멈추기는 했지만 그 성 행동을 또다시 하려 하는가?

___ 17. 성적 충동과 갈망이 자신을 지배하고 있다고 느끼는가?

___ 18. 아무리 애써도 몰아낼 수 없는 성적인 생각을 하고 있는가?

___ 19. 자신이 고립되고 외롭다고 느끼는가?

___ 20. 자신의 성 행동으로 인해 직장과 인간관계, 혹은 가정을 잃어버렸는가?

총점	해석
1~2점	성 중독은 아니지만 성 중독으로 갈 가능성이 있는 초기단계를 의심해 볼 수 있다. 빨리 다룰수록 성 중독으로 발전할 가능성은 줄어들 것이다.
3~5점	생활의 여러 영역에 영향을 미칠 만큼 성 충동을 조절하는 데 많은 문제가 있다. 외부로 드러나지는 않았지만 문제로 발전할 가능성이 높으므로 즉시 다루어야 한다.
6~10점	성적 조절에 있어 심각한 문제가 있다. 위험한 성 행동에 대한 공상, 계획, 실행 없이 지나는 날이 하루도 없다. 성적 욕망에 완전히 지배당하고 있다고 느끼며 매우 압박받고 있다.
11~15점	성적 자기통제를 이미 잃은 단계다. 성적 환상이나 성적 계획을 지닌 과도한 성 행동으로 인해 이미 많은 것을 상실했고 매일 더 많은 것을 잃어버릴 위험을 무릅쓰고 있다. 성 행동의 변화를 위해서 많은 시간과 노력을 기울여야만 한다. 성 문제 전문가의 도움을 받아야 할 수도 있다.
16점 이상	성 충동 조절 문제가 위험한 수준이다. 성 행동으로 인해 이미 심각한 문제가 발생했을 수 있다. 경고를 심각하게 받아들여야 한다. 즉시 치료를 받는다면 더 심각한 상황은 피할 수 있을 것이다. 절대로 미루면 안 된다.

채 박사와 함께하는 성 중독 스스로 극복하기

1) 첫 번째 단계: 자신의 성 행동을 점검하고 변화의 필요성을 인식하기

문제를 부인하거나 축소하지 않고 그것을 확인하여 변화의 필요성을 인식하는 것은 중요하다. 따라서 자신의 성 행동과 관련해서 무엇이 문제인지 정확하게 아는 것이 첫 단계에서 해야 할 일이다.

많은 사람이 동시에 여러 가지 문제를 가지고 있을 수 있다. 스스로 통제할 수 없는 자신의 성 문제를 모두 기록해 보자. 단 한 번 했던 것이라도 자신에게나 다른 사람에게 피해를 준 성 행동이라면 빼놓지 말고 적어 보자. 이러한 작업은 누가 보지 않더라도 창피하고 당황스러워서 생각하기조차 싫을 수 있으며, 또다시 그런 행동을 하게 될까 봐 두려울 수도 있다. 하지만 인정하지 않거나 숨겨 둔 채로 있는 것은 지금 자신이 변화할 수 있는 기회를 놓치는 것이다. 매우 고통스럽겠지만 반드시 생각해 보고 적어 보도록 한다.

건강한 성 행동과 중독 행위의 범위를 파악하는 것은 중요하다. 하지만 급하게 서두를 필요는 없다. 만약 이 작업을 하려고 하는데 맥박이 빨라지고 불안해진다면 심호흡을 통해 몸을 이완시키는 것부터 한다. 이후 자신의 성 행동 문제를 철저하게 적고, 그로 인해 잃은 것도 함께 점검해 보자. 쉽지 않은 작업이겠지만 모두가 철저하게 자신을 위한 과정임을 잊지 말자. 자신에게 어떤 문제가 있는지 스스로 정직해지면 문제를 좀 더 객관적으로 볼 수 있게 된다.

변화를 위한 성 행동 점검

나의 성 문제	내가 잃은 것
예 - 성적 상상에 집착 - 과도한 자위행위 - 폰섹스 - 성매매	예 - 시간 - 건강 - 돈 - 관계 - 일

2) 두 번째 단계: 성 문제를 만드는 잘못된 생각을 찾아보고 반박하기

성적 상상이나 생각 자체가 잘못된 것은 아니다. 그러나 거의 항상 지속적으로 성을 생각하고 일상생활로 돌아가지 못한다면, 이는 성 중독이다. 성 중독은 다른 중독과 마찬가지로 처음에는 일시적인 성적 상상 같은 미미한 수준에서 시작하지만 나중에는 스스로 통제할 수 없는 수준에까지 이른다.

성 중독 행위에 대한 욕망이 생기면 초기 단계에서 바로 개입하는 것이 가장 효과적이다. 예를 들면, 불안한 상태에서 성기 노출에 대한 생각이 떠오르면 그러한 생각에 빠져서 흥분한 채 실천에 옮기려는 계획 단계로 이행하지 말고, 노출하려는 생각 자체를 다른 생각으로 바꿀 수 있다. 그러한 생각을 저지하기 위한 방법으로, 실천에 옮겼을 최악의 경우를 상상하는 것도 도움이 된다.

1단계에서 자신의 성 문제를 찾아냈다면, 그러한 문제를 일으키거나 유지하는 비합리적인 생각을 찾아보고, 이를 반박하는 생각을 작성한 후 자신에게 큰 소리로 말하는 연습을 해 보자.

• 성 문제를 만드는 잘못된 생각을 찾아보고 반박하기 •

자동적으로 떠오르는 생각	반박하기
예 '온종일 성에 대해 상상하는 것을 멈출 수 없어.'	예 '나는 로봇이 아니야. 성적 상상을 하고 있는 나를 인식하는 순간 "그만!"이라고 외치고 다른 생각이나 행동으로 바꿀 수 있어.'
예 '사람들이 내 성기를 보면 흥분하면서 좋아할 거야.'	예 '아니야. 사람들은 내 성기를 보고 싶어 하지 않아. 그래서 그들이 경찰에 신고라도 하면 뉴스에도 나올 거야.'

3) 세 번째 단계: 성 문제를 일으키는 위험한 상황을 파악하고 그것으로부터 탈출하기

어떤 상황에서 성 충동이 일어나는지, 무엇을 조심해야 하는지, 그 시간에 무엇을 하기를 원하는지, 궁극적으로 어떻게 살고 싶은지, 성 행동과 관련 없이 만족감을 줄 수 있는 것은 무엇인지 등을 생각해 본다. 그리고 성 충동이 일어나는 구체적인 상황에서 벗어날 수 있는 방법들을 기록하여 성 문제 행동을 하기 직전에 발생하는 사건이나 환경에 건강하게 대처하도록 한다.

성 중독의 유혹을 떨쳐 버리려고 시도했음에도 다시 예전의 성 행동을 반복하려는 충동이 강하게 일고, 자신도 모르게 거의 행동에 옮기려는 단계에 와 있다면 빨리 성 행동과 대치되는 행동을 선택해야 한다. 예를 들면, 혼자 있거나 할 일이 없는 상황에서 자위행위를 하고 싶은 충동이 일어난다면, 친구에게 연락하거나 운동을 하고 음악을 듣는 등 다른 행동으로 대치한다. 또한 붐비는 지하철로 가고 싶은 충동이 일면 택시를 타고 갈 수도 있고, 인적이 드문 골목길로 가고 싶으면 오히려 사람이 많은 큰길로 가는 등 자신의 성 충동을 억제할 수 있는 환경을 선택해야 한다.

성 문제를 일으키는 위험한 상황과 대처 방법

구체적인 상황	떠오르는 생각	대처 방법
예 스트레스를 받았을 때	예 '스트레스 해소에는 성 행동이 최고야.'	예 '아니야, 일시적인 쾌감은 줄 수 있을지 모르지만 문제는 여전히 남아 있어. 문제를 직접 해결해야 해.'
예 붐비는 지하철을 탔을 때	예 '성적 대상을 물색해야지.'	예 '아니야, 다음 정류장에서 내려야겠어. 택시를 타고 가자.'

4) 네 번째 단계: 건강한 성 행동을 결정하기

성은 친밀한 관계를 맺고자 하는 인간의 욕구로서, 타인을 향하는 것이다. 그러나 그릇된 방법으로 충족시키려고 하거나 성욕에 매달린다면 성 중독이 될 수 있다. 이와 같이 성 중독은 성적 욕구를 통제하지 못해서 생기는 것이다. 건강한 성 행동을 위해서 우리는 충동적인 성적 욕구를 통제할 수 있어야 한다. 적절하지 않은 환경에서의 성 충동을 통제할 수 있다면 돈이나 시간을 잃지 않아도 되고, 그 시간에 더 견고하고 친밀한 관계를 쌓을 수도 있다. 가족이나 친구들에게, 또는 법적으로 문제를 일으키게 될까 봐 마음을 졸일 필요도 없다. 성 충동을 잘 통제하기 위해서는 그에 대한 손익 계산서를 만들어 볼 필요가 있다. 다음의 표를 참고로 자신의 손익 계산서를 만들어 보자.

나의 성 행동 결정을 위한 손익 계산서

성충동	단기		장기	
	이 익	손 해	이 익	손 해
통제하지 못했을 때	예 - 오르가슴을 얻고 긴장을 해소할 수 있다.	예 - 체포될 위험이 있다. - 돈도 없는데 비용을 지불해야 한다. - 성병에 걸릴 위험이 있다. - 더럽다는 느낌이 든다. - 가족과 문제가 발생한다.	예 - 변화할 필요가 없다. - 하던 대로 하면 된다.	예 - 모든 것을 잃을 수 있다. - 내 가정을 결코 지키지 못할 것이다. - 감옥에 가게 될 것이다.

통제 했을 때	예 - 걱정하지 않아도 된다. - 직장 일이나 다른 것에 관심을 쏟을 수 있다. - 아내와 외출해서 좋은 시간을 보낼 수 있다.	예 - 성적인 만족을 위해 기다리기가 힘들다. - 좌절감을 느낄 것이다. - 어떻게 해야 주의를 돌릴 수 있을지 모른다.	예 - 나 자신을 존중할 수 있을 것이다. - 사람들이 나를 좋아하게 될 것이다. - 나의 사업을 시작할 수 있을 것이다. - 내가 원했던 대로 자녀를 출산할 수 있을 것이다.	예 - 재미없고 지루해질 것이다.

5) 다섯 번째 단계: 다시 넘어지지 않으려면

실족은 성 통제력을 완전히 잃어버릴 수 있음을 경고해 주는 신호다. 실족과 재발[2]이 어떻게 다른지 자신의 경험을 사용해서 차이점을 적어 보자. 또한 다시 넘어지지 않기 위해 고위험 상황을 파악한 후 대처 카드를 작성하여 자신의 몸을 존중하고 잘 관리하도록 한다.

2) 실족은 회복 중에 있는 성 중독자가 행위를 한 번 표출하는 것을 말하며, 재발은 행위 표출이 거듭해서 일어나는 것을 말한다.

내게 일어날 수 있는 실족과 재발

실 족	재 발
예 - 인터넷에서 음란물 동영상을 찾아본다. - 성적 욕구를 만족시키려고 만원 버스를 탄다.	예 - 인터넷에서 음란물 동영상을 반복해서 찾아본다. - 만원 버스에서 다른 사람에게 성기를 문지른다.

나의 고위험 요인 대처 카드

고위험 상황	가능한 대처 전략
예 - 인터넷에 접속한다. (음란물 중독에 의한 성 문제를 갖고 있는 경우)	예 - 컴퓨터를 끈다. - 자신의 문제를 알고 있는 누군가에게 함께 필요한 정보를 찾아 달라고 부탁한다. - 컴퓨터를 가족과 함께 있는 공간에 둔다. - 텔레비전을 시청하든지 영화를 빌려 본다. - 인터넷 서비스를 해지한다. - 친구를 불러 이야기를 나눈다.

성욕은 인간의 기본적인 욕구로서, 신분과 성별을 가리지 않고 누구나 그것에 쉽게 빠질 수 있다. 그러므로 성에 대한 자신의 가치관과 자세를 점검하고 성 중독 가능성을 확인하여 필요한 경우 즉각적이고 효과적인 대처로 건강한 개인, 가정, 사회를 만들어야 할 것이다.

전문가의 도움도 필요해요

성 행동은 사랑을 표현하고 관계를 친밀하게 하는 것으로서, 금주와 같이 완전한 금욕으로 문제를 해결하려 하는 것은 쉽지 않다. 따라서 앞서 제시한 5단계를 통해 성 문제 행동이 변화되지 않는다면 반드시 전문가의 도움을 받아 건강한 성을 회복하도록 해야 한다. 성 중독은 완치가 힘들고 재발하기 쉽기 때문에 자가 진단 검사 결과, 중독이라고 판단되면 즉시 전문가에게 상담을 받는 것이 중요하다. 보통 개인 상담, 부부 상담, 집단 상담, 익명의 지지자 모임 등의 방법으로 접근하는 것이 효과적이다. 성 중독 치료 모델은 알코올이나 도박 중독의 모델을 도입해서 사용한다. 따라서 익명의 알코올 중독자 모임(AA)이나 익명의 성 중독자 모임(SAA) 같은 그룹의 도움을 받을 수 있다.

관련 자료

• 도서

강경호(2002). 중독의 위기와 상담. 서울: 한사랑가족상담연구소.

신장근 역(2012). 그림자 밖으로. P. Carnes의 *Out of the shadows: understanding sexual addiction*. 서울: 시그마프레스.

윤중석 역(2012). 거짓된 친밀감. H. W. Schaumburg의 *False intimacy*. 서울: 두란노.

정성준 역(2001). 아무도 말하지 않는 죄. M. Lasser, P. Carnes, & G. Smalley의 *Sea Fiel y Confiable: Sexual Integrity in a Fallen World*. 서울: 예수전도단.

채규만(2002). 성 중독 치료. 목회와 상담, 2, 227-249.

황소연 역(2007). 성 중독의 굴레에서 벗어나기. M. Genung의 *The Road to Grace-Finding True Freedom from the Bondage of Sexual Addiction*. 서울: 웰스프링출판사.

• 영화

〈셰임(원제: Shame)〉(2011)

4 쇼핑 중독

현대사회의 급속한 발전과 물질적 풍요로 개인의 소비가 늘어나고, 그에 따라 현대인의 소비는 일상생활을 영위하기 위한 수단일 뿐만 아니라 공연이나 레저 스포츠와 같은 여가 생활을 즐기기 위한 수단이 되었다. 이렇듯 현대사회의 소비문화가 개인의 삶을 편리하고 윤택하게 해 주었지만 한편으로는 과도한 소비 경향 역시 불러일으켰으며, 더 나아가 쇼핑에 집착하는 현상을 가져오기도 했다. 현 시대의 삶을 '끊임없는 쇼핑'이라고 정의할 만큼 쇼핑 자체는 우리 삶과 여가의 한 형태가 되었고, 직접 매장에서 구매하는 쇼핑부터 인터넷 쇼핑과 홈쇼핑에 이르기까지 그 종류도 매우 다양해졌다. 더불어 여러 가지 쇼핑 행동에 지나치게 몰두하여 지속적이면서도 과도하게 쇼핑하는 사람들이 급격히 증가하고 있는 추세다.

실제로 2002년 사회정신건강연구소의 조사 결과[1]에 따르면, 물

1) KBS 9시 뉴스(2002. 4. 2.). "5명에 1명꼴로 쇼핑 강박증."

건을 사지 않을 때 불안해지는 등 쇼핑 중독 증세에 시달리는 사람이 성인 남녀의 6.6%에 이르는 것으로 나타났다. 또한 2006년도 기준으로 롯데 백화점에서 상반기 롯데 카드 고객 255만 명의 구매 패턴을 분석한 결과[2]에 따르면 영업일 173일 중 170일 이상 쇼핑 구매를 한 고객이 약 350명에 달했으며 이틀에 한 번씩 구매한 고객까지 합하면 약 3만 4천 명 정도가 거의 매일 쇼핑한 것으로 나타났다. 그리고 조사 고객의 71.4%가 한 달에 평균 한두 번씩 백화점 쇼핑을 한다고 밝혔다. 이렇듯 많은 사람이 쇼핑에 중독되어, 신용 불량자의 수도 372만 명에 이르는 것으로 집계되고 있다.

이와 같은 끊임없는 쇼핑 행동은 엄청난 부채와 파산이라는 극단적인 결과를 낳을 수 있으며, 결국에는 쇼핑 중독 증상으로 이어져 구매 당사자뿐만 아니라 그들의 가정과 사회 전체에까지 부정적인 영향을 미칠 수 있다. 특히 쇼핑 중독자 가운데 여성이 남성보다 9배 가까이 더 많은 것으로 알려지면서 그에 따른 우울, 불안과 같은 심리적 문제도 심각한 사회 쟁점으로 떠오르고 있다. 다음의 사례는 쇼핑 중독의 문제로 힘들어하는 한 여성의 이야기다.

호텔 매니저로 일하고 있는 K씨는 직장 내에서 멋진 패션 감각을 유지하는 소문난 멋쟁이다. 오늘도 어김없이 퇴근길에 그녀의 스마트폰으로 텔레비전 홈쇼핑 방송 알리미 문자가 도착한다. 시시

2) 조선일보(2006. 8. 15.). "백화점에 매일 가는 사람 있을까?"

각각 그날 판매하는 아이템의 홈쇼핑 생방송 시작을 알리는 문자가 방송 시작 30분 전에 도착한다. 이번 달 들어 K씨는 벌써 구매를 10번도 넘게 했고 신용카드로 지출한 금액은 월급을 초과했다.

K씨는 요즘 들어 점점 더 쇼핑을 하지 않으면 마음이 불안해지고, 꼭 물건을 사야 할 것 같은 욕구와 구매 충동을 조절할 수 없어 힘들어하고 있다. 쇼핑을 하지 않으면 기분이 우울하고 일하고 싶은 의욕도 생기지 않는다. 따라서 무엇인가 새로운 것을 사는 게 자연스럽게 그녀의 삶의 한 부분이 되었다. 하지만 쇼핑을 하는 동안 불안했던 마음이 조금 사라지면 그것도 잠시일 뿐, 이후 찾아오는 후회와 자책감, 우울로 그녀는 더 힘들어하고 있다.

벌써 부모님과 언니에게 여러 번 돈을 빌려 할부금을 갚는 데 다 사용했다. 심지어 이번 달 할부금은 카드로 돌려막기를 해야 할 지경이다. 직장에서 일한 지 여러 해가 지났지만 저축은 꿈도 못 꾼 지 오래다. 그에 따른 여러 가지 생각으로 걱정이 들면 또다시 마음이 불안해지고 우울해지며 그 부정적 감정을 달래거나 없애 보려고 어김없이 정기 세일에 들어간 백화점으로 발걸음을 옮긴다.

1. 쇼핑 중독이란

K씨의 사례에서 보듯이 쇼핑 중독은 부적절하고, 충동에 이끌려 지나치게 소비하는 형태를 말한다. 또한 쇼핑 중독은 우울이나 불

안 또는 긴장감과 같은 부정적인 감정을 극복하고 감소시키기 위해 강박적으로 쇼핑을 하게 되는 것을 의미한다. 여러 학자와 연구자에 의하면 쇼핑 중독자는 공통적으로 지나치게 구매에 이끌리고, 그러한 구매 욕구와 충동을 억제하지 못해 통제력을 상실하며, 그로 인해 삶의 여러 부분에서 부정적인 결과와 다양하고 복잡한 문제를 경험한다고 한다.

2. 쇼핑 중독에 빠지면

다른 중독 행동과 마찬가지로 쇼핑 중독 역시 그것에 빠지면 거부할 수 없는 불가항력적인 충동, 통제력의 상실, 그리고 경제적 · 시간적 · 심리적 · 기능적 측면에서의 부정적인 결과와 문제를 경험한다. 그럼에도 지속적이고 반복적으로 쇼핑을 하는 중독의 일반적인 증상이 나타난다. 이러한 쇼핑 중독의 특징은 다음과 같다.

1) 쇼핑을 하고 싶은 저항할 수 없는 충동을 느낀다

쇼핑 중독자는 물건을 구매하고 싶은 구매 욕구를 억제하지 못하고 통제에서의 무능력을 보인다. 따라서 쇼핑 중독에는 강한 충동적 요인이 관련되어 있다. 즉, 일반 소비자에 비해 쇼핑 중독자는 구매를 하기 전 강한 흥분을 경험하고 그것이 충동으로 이어져 쇼핑을 하게 되는 것이다. 그러나 쇼핑을 하고 난 후에는 자신의 행동에 대한 실망과 후회, 자괴감과 같은 부정적 감정을 경험한다.

2) 통제력을 상실한다

일반적인 구매자는 쇼핑 상황에서 더 계획적이고 신중하게 구매하며 자신의 욕구를 잘 통제하지만 쇼핑 중독에 빠진 사람은 물건을 구매하고 결정하는 상황과 순간에서 자기 통제력을 상실한다.

3) 여러 가지 측면에서 부정적인 결과가 나타남에도 계속해서 쇼핑한다

- **경제적 측면:** 신용카드를 여러 장 만들어서 빚이 늘어나고, 할부금을 다른 신용카드로 일시적으로 돌려막으면서 갚게 된다. 그러한 과정에서 점차 빚이 늘어 신용불량자가 되며, 가족, 친구, 주변 사람들에게 돈을 빌린 후 갚지 못하여 신뢰도 상실한다.
- **시간적 측면:** 쇼핑에 대한 욕구와 지나친 관심으로 일상생활의 많은 부분과 시간을 헛되이 보내게 된다. 즉, 쇼핑 정보를 인터넷으로 계속 검색하거나 세일 혹은 행사 기간에 직접 백화점, 할인 마트 등에 가면서 하루 중 쇼핑이 차지하는 시간의 비중이 높아지며, 그에 따라 다른 중요한 일에 집중할 수 없게 된다.
- **심리적 측면:** 쇼핑 중독에 빠진 사람은 점차 자신의 삶과 일이 스스로 통제할 수 있는 한계를 넘어섰다는 것을 깨닫게 되고, 자기 자신에 대한 수치심, 자괴감, 후회, 불안, 특히 강한 우울과 분노를 느낀다. 그리고 그러한 부정적인 감정으로 인해 생기는 심리적 고통을 없애 보려고 또다시 쇼핑을 하는 악순환을 겪는다.

- 기능적 측면: 쇼핑 중독 증상을 보이는 사람은 개인적으로도 자신이 맡은 역할과 책임을 제대로 수행하지 못하는 등 많은 문제를 보인다. 특히 일차적으로 가족에게 가장 큰 영향을 끼치는데, 대부분 재정 문제로 관계가 심하게 악화되어 부모-자식, 형제자매 간의 갈등이 생기면서 서로 원수가 되기도 한다. 배우자의 경우에는 심리적으로 상대방에게 무시당한다고 느끼게 되며 부부 싸움이 잦아져서 심지어 결혼 생활이 파탄에 이르기도 한다. 친구 관계 및 사회적 관계에서도 쇼핑과 관련된 금전적인 문제로 신뢰를 상실할 수 있고, 직장 내에서도 업무를 등한시하여 직업 기능의 손상이 나타날 수 있다.

4) 쇼핑 행동을 하나의 종교 의식처럼 반복적이고 주기적으로 한다

쇼핑 중독에 빠지면 쇼핑 행동을 매일 반드시 해야 하는 종교 의식처럼 여겨서 정기적으로 일정한 단계를 거쳐 계속하게 된다. 쇼핑 중독자가 쇼핑을 통해 물건을 구매하여 중독에 이르는 단계를 구체적으로 살펴보면 다음과 같다.

- 기대 단계: 특정한 물건을 쇼핑하는 것에 대한 자신의 생각, 욕구, 관심, 열중을 발전시켜 나가는 단계다.
- 준비 단계: 쇼핑을 준비하는 단계다. 다시 말해 어디에서 물건을 사고, 언제 사러 가며, 어떻게 결제할지를 미리 결정하는 단계다. 세일 품목과 새로운 유행 아이템, 그리고 새로 생긴 쇼핑

장소까지도 인터넷을 통해 알아본 뒤 정보를 준비한다.

- 쇼핑 단계: 본격적으로 실제적인 쇼핑을 하는 경험 단계다. 이 과정에서 사람들은 강렬한 흥분과 희열을 느낀다.
- 소비 단계: 쇼핑이 다 이루어진 후의 단계로, 자기 자신에 대한 실망, 분노, 우울, 불안, 자괴감 같은 부정적인 정서가 뒤따르며 심리적 고통으로 힘들어하는 단계다. 그러나 이러한 부정적 감정을 해소하고 잊기 위해 또다시 쇼핑 행동에 몰두하게 된다.

지금까지 간략하게 쇼핑 중독의 특징 및 증상을 살펴보았지만, 여기서는 얼마나 많이 쇼핑하고 얼마나 많은 돈을 썼는지가 중요한 것이 아니라 다른 중독과 마찬가지로 그에 따른 결과가 어떠했는지를 파악하는 것이 중요하다. 어떤 중독 행동이라도 그에 따르는 결과가 있게 마련인데, 그것이 자신의 삶과 인간관계에 미치는 영향력을 스스로 깨닫지 않고서는 결코 중독에서 빠져나와 새로운 인생을 살아갈 수 없을 것이기 때문이다.

3. 나는 쇼핑 중독일까

자신이 쇼핑 중독에 빠진 것은 아닌지 다음 쇼핑 중독에 관한 자기보고식 질문지[3]의 각 문항에 응답한 후 점수를 매겨 중독의 정도

3) 송인숙(1993). 소비자의 구매중독 성향 및 영향요인. 서울대학교 대학원 박사학위논문.

를 알아보자. 각 문항을 잘 읽고 자신이 해당하는 느낌과 그 정도를 골라 표시하면 된다.

쇼핑 중독 자가 점검표

질 문	전혀 그렇지 않다	그렇지 않은 편이다	그저 그렇다	그런 편이다	매우 그렇다
1. 지불할 능력이 없는 물건이라도 외상(또는 할부)으로 사게 된다.	1	2	3	4	5
2. 단지 싸게 할인 판매하기 때문에 종종 물건을 산다.	1	2	3	4	5
3. 월급날이 돌아올 때쯤 돈이 남아 있으면 써 버리고 만다.	1	2	3	4	5
4. 무엇이든지 상관없이 단지 어떤 물건을 좀 사고 싶을 때가 있다.	1	2	3	4	5
5. 나는 씀씀이가 헤퍼서 다른 사람이 안다면 놀랄 것이다.	1	2	3	4	5
6. 쇼핑하러 가지 않는 날은 불안하다.	1	2	3	4	5
7. 쇼핑하는 동안은 기분이 좋지만 집에 돌아오면 우울하다.	1	2	3	4	5
8. 물건을 산 후 '사지 않았더라면 좋았을 걸.' 하고 종종 후회한다.	1	2	3	4	5
9. 돈이 있으면 전부 또는 일부를 써 버리게 된다.	1	2	3	4	5
10. 종종 충동적으로 물건을 산다.	1	2	3	4	5
11. 가끔 무언가 쇼핑하러 가고 싶은 마음을 누를 수 없을 때가 있다.	1	2	3	4	5

12. 내가 산 물건 중 바보 같이 돈을 쓴 것으로 여겨질까 두려워 남편이나 친구 등 다른 사람들에게 보여 주지 않은 것이 있다.	1	2	3	4	5
13. 상가에 들어서면 곧 무언가 물건을 사고 싶은 마음을 억제할 수 없다.	1	2	3	4	5
14. 돈이 거의 안 남은 것을 알면서 필요하지도 않은 물건을 사곤 한다.	1	2	3	4	5

각 문항에서 자신이 응답한 항목의 점수를 합산하여 점수를 산출한다. 최저 14점에서 최고 70점까지 점수가 산출될 수 있으며 점수가 높을수록 쇼핑 중독 성향이 높음을 나타낸다.

총점	상태
14점~29점	쇼핑 중독 성향 **하** 집단
30점~49점	쇼핑 중독 성향 **중** 집단
50점~70점	쇼핑 중독 성향 **상** 집단

채 박사와 함께하는 쇼핑 중독 스스로 극복하기

쇼핑 중독 치료는 일반적으로 각 개인이 자신의 중독 행동을 고쳐야겠다는 생각과 의지를 갖는 것만으로 일상생활에서 구체적인 행동 변화를 이루어 내기 어렵다. 우리가 돈을 사용하지 않고는 살 수 없기 때문에 그만큼 문제의 심각성을 깨닫는 통찰만 갖는 것으로는 부족하다. 따라서 쇼핑 일지를 매일 적거나 지출 장부를 주기적으로 작성하는 것과 같이 철저하게 쇼핑 행동을 멈추기 위한 행동 계획을 세우고 실행하는 것이 중요하다. 혼자서 시작할 수 있는 자가 치료 방법 및 활동을 간단히 소개하면 다음과 같다.

1) 첫 번째 단계: 쇼핑을 하고 싶게 만드는 유인 자극이 무엇인지 찾아보기

쇼핑하고 싶은 욕구가 갑자기 생기게 만드는 것이 무엇인지 찾아보아야 한다. 예를 들면, 어떤 사람은 너무 우울할 때 쇼핑을 하고 싶고, 어떤 사람은 세일이 시작되면 쇼핑을 하고 싶은 것처럼 사람마다 쇼핑을 유도하는 유인 자극이 다를 수 있다. 유인 자극 목록을 유형별로 나누어 제시하면 대략 5가지(상황적 · 인지적 · 대인 관계적 · 정서적 · 신체적 유인 자극)로 나눌 수 있다. 이중 자신에게 가장 자극을 주는 것이 무엇인지 생각하고 다음 목록에서 찾아본 후 기록하자.

• **내가 갑자기 쇼핑을 하고 싶게 만드는 자극은 무엇인가?**

(유인 자극 찾기)

상황적 유인 자극	- 세일 기간, 세일 상품 - 신상품 - 생일, 기념일, 특별한 날 - 잡지와 텔레비전의 광고	- 인터넷 쇼핑몰 - 할 일이 없을 때 - 방학이나 휴가 - 집에 틀어박혀 있을 때

- 그 외의 상황적 유인 자극

____

인지적 유인 자극 (쇼핑을 하기 전에 하는 생각)	- '지금 이것을 사지 않으면 절대 앞으로 구할 수 없어.' - '이 일을 하느라 너무 고생했어. 난 이 물건을 살 만해.' - '엄마에게 소리쳐서 너무 죄책감이 들어. 뭐라도 사줘야겠어.' - '저 목도리는 내가 가지고 있는 옷과 너무 잘 어울릴 거야.' - '아예 색깔대로 다 사야겠어.'

- 그 외의 인지적 유인 자극

____

대인 관계적 유인 자극 (자신과 관련된 사람들로부터 영향을 받아 쇼핑하는 것)	- 누구와 싸우고 나면 쇼핑을 하는가? - 친구들이나 사람들에게 잘 보이고 싶어서 쇼핑을 하는가? - 특정한 친구, 사람들과 있으면 쇼핑을 하게 되는가? - 아픈 부모님이나 가까운 사람에게 반응하는 방식(예를 들어, 물건으로 애정을 표현함)으로 쇼핑을 하는가? - 누군가 자신에게 부정적으로 말하면 쇼핑을 하는가?

- 그 외의 대인 관계적 유인 자극

____

정서적 유인 자극 (감정이 자극이 되어 쇼핑을 하는 경우)	- 삶이 너무 우울해서 쇼핑을 하면 나아질 것 같아 쇼핑을 하는가? - 외롭기 때문에 쇼핑을 하는가? - 화가 나고 스트레스를 받을 때 쇼핑을 하는가? - 불안하고 무력할 때 쇼핑이 자신을 진정시켜 준다고 생각하는가? - 무언가 일이 되지 않을 때 모두 다 자신의 잘못 같고, 그렇게 자신을 자책하기 싫어서 쇼핑을 하는가?

- 그 외의 정서적 유인 자극

____

신체적 유인 자극 (신체와 관련된 자극)	- 두통이 있는데 약을 먹는 대신에 쇼핑을 하러 가는가? - 다이어트를 할 때 배고픔을 잊으려고 쇼핑을 하는가? - 가슴이 답답하고 안절부절해지면 쇼핑을 하러 가는가? - 술만 마시면 쇼핑을 하러 가는가?

- 그 외의 신체적 유인 자극

____

- **나의 유인 자극은 무엇인가? 쇼핑하고 싶은 충동에 대처하기 위한 5가지 유인 자극의 영역 중 가장 순위가 높은 3가지를 골라 보자.**

  - ______________________________________
  - ______________________________________
  - ______________________________________
  - ______________________________________
  - ______________________________________

2) 두 번째 단계: 쇼핑과 관련된 왜곡된 생각을 대안적이고 합리적인 생각으로 바꾸기

먼저 자신이 쇼핑을 하게 되는 상황 혹은 쇼핑을 하게 만드는 상황에서 일어난 사건을 적고 그 상황에서 느끼는 감정과 그 강도를 1~10점 내에서 점수를 매겨 기록한다. 그리고 불안이나 우울과 같은 감정을 느낄 때 문득 떠오르는 생각(자동적 사고)을 적는다. 그 후 그 생각이 얼마나 강한지 혹은 얼마나 옳다고 확신하는지 그 강도를 역시 1~10점의 범위 내에서 점수를 매겨 기록한다. 다음으로는 자신이 가지고 있는 왜곡된 생각을 대안적 생각으로 바꾸어 보고 그것을 기록지에 적은 다음 그 결과 감정이 어떻게 달라졌는지, 처음에 쇼핑하게 만들었던 왜곡된 생각을 지금은 얼마나 믿고 있는지 그 변화를 비교하여 작성한다. 마지막으로 쇼핑 중독을 해결하기 위해 어떤 행동을 할 것인지 적어 본다.

- **쇼핑과 관련된 자신의 왜곡된 생각은?**

- ㉥ 난 이 옷을 꼭 사서 입어야 해, 그래야 모두가 날 인정할 거야.
- ㉥ 쇼핑을 해야만 우울해지지 않아.
- ㉥ 내가 그 사람에게 선물을 주지 않으면 그는 날 싫어할 거야.
- ____________________
- ____________________
- ____________________
- ____________________

• **쇼핑과 관련된 잘못된 생각 기록하기**

	상 황	감 정	자동적 사고	대안적 생각 (합리적 생각)	결 과
날 짜 / 일 시	- 구체적 상황 - 어떤 신체 감각을 느꼈나?	- 그 상황에서의 감정은? - 감정의 정도는? (1~10점)	- 문득 떠오른 생각은? - 그 생각에 대한 강도는? (1~10 점)	- 어떤 생각의 왜곡인가? - 생각에 대한 결과는? - 대안적 생각(합리적 생각)은?	- 처음 가진 잘못된 생각에 대한 믿음 정도는? (1~10점) - 지금의 감정은? - 그 감정의 정도는?(1~10점) - 어떤 행동을 할 것인가?
/	예 -남편과 말다툼을 하였다. -호흡이 빨라지고 손에서 땀이 났다.	예 -기분이 언짢고 좋지 않았다. -정도: 8	예 -기분 전환 겸 쇼핑을 하면 우울하지 않을 것이다. -강도: 9	예 -쇼핑이 내 부정적 기분을 없애 줄 것이다. -쇼핑을 갔다 오면 더 우울해졌다. -쇼핑을 한다고 문제가 해결되지 않는다.	예 -정도: 5 -안정되고 편안하다. -정도: 3 -쇼핑을 하러 가는 대신 남편과 대화를 하도록 노력한다.
/					

3) 세 번째 단계: 빚 청산 계획과 새로운 소비 계획, 그리고 인생의 목표를 세우기

쇼핑 중독에서 가장 중요한 것은 돈의 사용과 관련돼 있다는 것을 명심한다. 쇼핑 중독에서 빠져나오려면 돈을 책임감 있고 건강하게 사용하는 방법을 배우고 익혀야 하며, 궁극적으로는 새로운 삶의 의미를 만들고 인생의 목표를 다시 세워야 한다. 빚을 청산하기 위해서는 현재 자신에게 남아 있는 신용카드 할부금을 포함한 모든 종류의 빚을 청산하기 위한 구체적인 계획서를 작성해 볼 수 있다. 더불어 앞으로 인생에서 이루고 싶은 개인적인 재정 목표를 생각하고 그것을 다시 세워 보는 계획표를 만든다.

빚 청산 계획서 작성 및 인생의 목표 설정하기

빚 청산 계획서

빚	빚 총 잔액	할부 개월	이자율/금액	마지막 결제일	예상되는 결재 기간	
					최 소	고 정
신용 카드 - - - -						
금융 기관 빚 - - - -						

할부 구매 -자동차 -핸드폰 -학자금 -기타						
개인적인 빚 -가족 -친구 -직장 -기타						
그 이외의 빚 - - -						

- **최선을 다해 갚을 때 예상되는 빚 청산의 기간은?**
- **지금 가장 먼저 갚을 수 있는 것과 가장 오랜 기간에 걸쳐 갚아야 하는 것은?**

개인적 · 금전적 단기 및 장기 목표 설정하기

- **개인적으로 이루고 싶은 인생의 목표**
  - 앞으로 인생에서 무엇을 하고 싶은가?
  - 새롭게 배워 보고 싶은 것이 있는가?
  - 더 잘해 보고 싶은 관계가 있는가?
  - 제2의 직업으로 하고 싶은 일이 있는가?
  - ____________________
  - ____________________
  - ____________________

- 금전적인 목표 및 희망 사항
  - ㉠ 신용카드 빚 완전히 갚기
  - ㉠ 자동차 할부금 갚기
  - ㉠ 노후 연금 붓기
  - ㉠ 아파트 청약 예금 들기
  - ______________________
  - ______________________
  - ______________________

- 금전적 단기 목표 계획서

단기 목표	예상되는 금액	예상 시작 기간
영어 학원 등록	500,000원	2개월 후 시작
오빠 결혼식 선물	300,000원	5개월 후 시작
적금 붓기	100,000원	지금 시작

단기 목표	예상되는 금액	예상 시작 기간
	원	
	원	
	원	

- 금전적 장기 목표 계획서

장기 목표	예상되는 금액	예상 시작 기간
신용카드 빚 갚기	9,000,000원	2년 후 시작
자동차 할부금 갚기	5,000,000원	2년 후 시작
노후 연금 붓기(월)	200,000원	빚 갚은 후 시작

건강 보험(월)	200,000원	보류
가족(부모님 환갑) 여행	3,000,000원	보류
아파트 청약 적금 붓기(월)	200,000원	빚 갚은 후 시작

장기 목표	예상되는 금액	예상 소요 기간
	원	
	원	
	원	
	원	

4) 네 번째 단계: 꼭 필요한 쇼핑을 할 수 있도록 돕는 나만의 쇼핑 전략 만들기

쇼핑을 하기 전에 미리 준비하고 과도한 쇼핑 행동을 예방할 수 있는 자신만의 대처 방법과 전략을 만들어 가는 것이 도움이 된다. 예를 들어, 스스로 통제력을 상실하여 쇼핑 행동을 자제할 수 없을 때 자신의 쇼핑 행동을 멈추게 하고 자제시켜 줄 수 있는 친구와 함께 쇼핑하는 계획을 세울 수 있다. 또는 쇼핑에 필요한 비용만 현금으로 가져가고 신용카드는 집에 두는 방법도 있다. 이처럼 몇 가지 유용한 대처 전략을 만들어서 직접 실행해 보도록 한다.

다음의 대처카드는 불필요한 쇼핑을 하고 싶은 충동이 일어날 때마다 스스로에게 물어볼 수 있는 질문을 포함한다. 이것을 미리 만들어서 지갑에 넣어 두면 쇼핑하러 가기 전에 꺼내 봄으로써 불필요한 쇼핑 충동과 욕구를 누르고 적절한 쇼핑을 할 수 있을 것이다.

쇼핑 대처 카드

- 왜 지금 여기에 있는가? 나는 무엇을 하려 하는가?
- 지금 마음이 어떤가? 어떤 느낌이 드는가?
- 사려고 하는 물건이 정말 필요한가?
- 만약 사지 않고 더 기다려 본다면 어떨까?
- 이것을 사면 어떻게 지불하려 하는가?
- 이것을 사서 무엇에 쓰려고 하는가?
- 쇼핑을 하고 난 후의 결과와 후유증에 대해서 생각해 보았는가?

지금까지 간략하게 쇼핑 중독에 도움이 될 수 있는 자가 치료 방법과 활동을 살펴보았다. 하지만 자신의 쇼핑 중독 정도가 이미 스스로 그 욕구를 통제할 수 있는 범위를 벗어났고 재정적으로도 신용을 회복하기 불가능한 수준이라면 하루라도 빨리 전문 치료 기관과 상담 센터를 찾아가 봐야 한다. 우울증과 불안 장애, 강박증 같은 심리 문제와 병리 증상이 심각해서 스스로 고통스럽다면 반드시 신경정신과와 같은 전문 치료 기관을 방문해야 한다. 만일 쇼핑 중독 증상과 행동은 경미한 수준이지만 더 이상 악화되지 않도록 상담을 받아 보고 싶다면 전문 상담 센터를 찾아가 상담을 받는 것도 좋다.

관련 자료

• 도서

노은정 역(2012). 쇼퍼 홀릭. S. Kinsella의 *Shopaholic*. 서울: 황금부엉이.

박규상(2012). 행복한 사람은 쇼핑을 하지 않는다. 서울: 21세기북스.

박세연 역(2012). 누가 내 지갑을 조종하는가. M. Lindstrom의 *Brandwashed: tricks companies use to manipulate our minds and persuade us to buy*. 파주: 웅진지식하우스.

이상근, 장석훈 역(2010). 쇼핑학. M. Lindstrom의 *Buyology*. 서울: 세종서적.

정상수 역(2010). 쇼핑의 심리학. E. Pace의 *The X and Y of buy*. 파주: 웅진윙스.

홍선영 역(2011). Stopping 쇼핑. A. L. Benson의 *To buy or not to buy*. 서울: 부키.

• 영화

〈쇼퍼홀릭(원제: Confessions of a Shopaholic)〉(2009)

5 다이어트 중독

'다이어트는 한번 시작하면 끊을 수 없는 담배와 같다.', '여자에게 다이어트는 평생 짊어져야 할 고통이다.', '뚱뚱한 것은 죄다.', '마른 것이 미덕이다.' 등 다이어트에 관해 떠도는 말들은 현대사회의 다이어트에 대한 관심을 대변한다. 특히 여성이라면 한 번쯤은 다이어트를 시도해 봤을 만큼 그에 대한 열망이 높은 시대다. 건강하고 아름다운 몸매를 얻기 위한 다이어트는 문제가 되지 않지만 중독으로 인한 다이어트는 치명적인 손상을 일으킬 만큼 위험하다.

다이어트 중독에 빠진 사람은 정상 체중임에도 30~40kg 초반대의 앙상하게 마른 체형을 동경하여 일정 기간 건강을 해치면서까지 그러한 체중을 얻기 위해 노력한다. 그리고 그러한 몸을 만들기 위해 과도한 절식 및 식사 거부 행동을 하는 것을 비롯하여 과식 후에 부적절한 행동(구토)을 시도한다. 이와 같은 다이어트 중독에 시달릴 경우 신체적 이상 외에 우울증 및 불안증과 같은 여러 정신 건강 문제도 나타난다. 심지어는 죽음에 이르기까지 하는 등 삶의 전

영역에서 상당한 부적응을 일으킬 정도로 그 심각성은 매우 크다.

그렇다면 과연 이러한 다이어트가 꼭 필요한 것인가? 다음의 사례를 보고 자신은 다이어트 중독에서 자유로울 수 있을지 생각해 보자.

27세의 여성 H씨는 지난 2년 동안 과도한 다이어트와 폭식 문제로 세 차례 병원에 입원한 적이 있다. 그녀는 마지막 입원 후 퇴원한 지 2개월밖에 되지 않았지만 여전히 과도한 다이어트를 하고 있다. 현재는 모든 음식을 거부하고 다이어트 보조제와 물만으로 생활하고 있으며 가끔씩 음식에 대한 유혹을 떨치지 못하고 폭식을 하지만 살이 찔지도 모른다는 불안감에 시달리고 있다. 그녀는 음식을 먹지 않고 다이어트를 하기 위해 식사를 권하는 가족을 피해서 집을 나와 혼자 여관 생활을 하고 있으며, 다이어트 도중 자신도 모르게 한두 시간 동안 폭식한 뒤 구토하는 행동을 반복하고 있다. 지난 2년 동안 여러 차례 이와 같은 다이어트와 폭식을 반복하였으며 현재는 절식을 하기 위해 수단과 방법을 가리지 않고 있다. 얼마 전부터는 혀에 피어싱을 하고 칼로 상처를 내면서까지 음식을 먹지 않으려고 하는 자신을 보면 '죽고 싶다.'는 생각과 함께 더 큰 불안에 시달린다.

1. 다이어트 중독이란

다이어트의 사전적 의미는 '미용이나 건강을 위해서 살이 찌지 않도록 먹는 것을 제한하는 일'을 말한다. 하지만 현대사회에서 나타나는 다이어트 현상은 중독을 의심할 정도로 지나치게 그것을 추구한다. 다이어트 중독이란 살을 빼야 한다는 강박관념에 시달리는 것으로, 앞서 언급한 것과 같이 살을 빼기 위해 극단적인 절식 및 식사 거부를 보이거나 식사 후 보상 행동으로 구토 등의 부적응적인 행동을 하는 경우라고 할 수 있다.

일반적으로 다이어트가 필요한 정도를 진단하기 위해 체질량 지수(BMI)를 측정하는데, 이는 체지방의 정도를 매우 간단히 구할 수 있다는 장점이 있어서 쉽게 사용하는 방법이다. BMI는 키와 몸무게를 이용하여 지방의 양을 추정하는 비만 측정법으로, 성인들에게 사용할 수 있다.

다음은 BMI를 기준으로 한 비만의 분류 체계다.[1] BMI 측정법을 이용하여 자신의 BMI를 구하고 다이어트가 필요한 정도를 확인해 보자.

1) 김상만, 이득주, 김영설, 이태희(2000). 건강증진센터 자료를 이용한 한국인의 비만지표에 대한 평가. 대한비만학회지, 9(4).

BMI 기준 비만 분류 체계

BMI 측정법
체중(kg)/키의 제곱(m^2)

구 분	BMI 지수
저체중	< 18.5
정상 체중	18.5~22.9
과체중	> 23.0
위험 체중	23.0~24.9
1단계 비만	25.0~29.9
2단계 비만	> 30.0

과연 자신은 비만인가? 정상 체중인가? 만약 비만에 해당하지 않음에도 건강을 해칠 수 있을 정도의 과도한 다이어트를 반복하고 있다면, 또한 다이어트 과정에서 폭식과 절식을 반복하고 있다면 다이어트 중독을 의심해 볼 수 있다.

그렇다면 정상적인 다이어트와 다이어트 중독의 차이는 무엇인가? 첫째, 정상적인 다이어트는 현실적인 수준의 체중 감량을 목표로 하지만 다이어트 중독의 경우 정상적인 체중과 상관없이 더욱더 마르고자 하는 욕구에 의해서만 다이어트를 한다.

둘째, 정상적인 다이어트는 포만감을 느끼면 식사를 중단할 수 있지만 다이어트 중독은 음식 섭취를 조절하는 능력이 없기 때문에 포만감을 느끼더라도 과식이나 폭식을 반복하게 된다.

셋째, 정상적인 다이어트를 할 때는 공복감을 해소하기 위해 과식을 하지만 다이어트 중독의 경우에는 공복감을 느낄 때뿐만 아니라 우울이나 짜증, 외로움 등의 불편한 감정을 느낄 때도 과식과 폭식을 반복한다.

넷째, 정상적인 다이어트는 그것이 일상의 일부일 뿐으로, 그 밖의 취미 생활이 따로 있는 반면, 다이어트 중독은 음식과 체중에 대한 관심이 일상의 대부분을 차지한다.

다섯째, 정상적인 다이어트는 체중이나 체형이 자신감과 자존감에 그리 큰 영향을 주지 않지만 다이어트 중독은 매우 큰 영향을 주며, 전반적으로 부정적인 자기 개념을 지니는 특징을 나타낸다.

2. 다이어트 중독에 빠지면

다이어트 중독에 빠지면 다음과 같은 여러 정신적 · 신체적 장애가 나타날 수 있다.

1) 식이장애라는 정신장애가 동반할 수 있다

식이장애는 다이어트 중독에 빠질 경우 가장 흔히 동반할 수 있는 장애로, 주된 특징은 체중 증가나 비만에 대한 강박적 걱정, 그리고 자신의 신체에 대해 왜곡된 생각을 가지는 것이다. 식이장애를 가지고 있는 사람은 식사량을 적절히 조절하지 못하고 자신의 체중과 체형에 따라 스스로에 대한 평가도 쉽게 변하는 특징을 보인다.

이러한 식이장애에는 신경성 식욕부진증과 신경성 폭식증이 있는데, 우선 신경성 식욕부진증은 흔히 거식증이라고 불리는 장애로, 지나치게 음식을 거부하여 자신의 나이와 키에 적합한 최소한의 수

준보다 낮은 체중(정상 체중의 85%)을 가진다. 이들은 체중 증가나 비만에 대해 극심한 두려움을 가지며, 체중과 체형이 가지는 의미라든지 자신의 체중과 체형에 대한 지각이 왜곡되어 있다. 또한 마른 체형임에도 자신이 비만이라고 생각하여 수시로 몸무게를 확인하고, 설사약이나 이뇨제 등을 복용하거나 과도한 운동을 하기도 한다. 심각한 경우에는 적정 체중의 30~40%까지 체중이 감소하기도 하는데, 이때는 건강에 심각한 위험이 초래되기도 한다.

반면, 신경성 폭식증은 흔히 폭식증이라고 불리는 장애로, 많은 양의 음식을 빠르게 섭취한 뒤에 구토를 하거나 설사약 및 이뇨제를 복용하는 등 부적절한 보상 방법을 시도하는 것이다. 앞서 살펴본 신경성 식욕부진증을 가지고 있는 사람들과 같이 이들 또한 체형과 체중이 스스로에 대한 평가에 큰 영향을 미치는 특징을 보인다. 더불어 폭식을 하는 동안에는 절식 혹은 금식했던 음식을 지나치게 많이 먹는 경향을 보이며, 심지어 배가 부른데도 식사량을 조절하지 못하고 과식한다.

2) 우울 증상으로 인해 일상생활 전반에서 어려움을 겪을 수 있다

다이어트 중독에 빠지면 흔히 우울증을 겪는데, 특히 과도한 다이어트로 인해 신경성 폭식증을 겪는 경우에는 우울증을 더욱 많이 경험한다. 우울증에 걸리면 매사에 관심과 흥미를 잃게 되고 의욕이 없기 때문에 일상생활에서 의미 있는 어떠한 활동도 하기 어렵게 된다. 특히 심각한 경우에는 계속해서 자살을 생각하고 그에 대한 충동을 느껴 건강한 일상생활을 하는 데 상당한 곤란을 겪을 수도 있다.

3) 음식 섭취나 체중 및 체형에 대해 과도한 불안 증상을 보일 수 있다

다이어트 중독에 빠지면 특정 음식을 섭취하는 것 자체에 대해 강한 불안을 보임과 동시에 음식을 섭취한 후의 체중 및 체형 변화에 대해서도 강한 불안을 보인다. 따라서 심한 경우에는 다른 사람들과의 식사를 꺼리게 되고, 결국 대인 관계를 비롯한 다양한 사회적 상황을 회피하게 된다. 뿐만 아니라 살을 빼기 위해 과도한 운동을 하거나 구토를 하는 등 부적절한 방식에 강박적으로 몰두하고 집착하는 행동을 나타내어 효율적인 일상생활이 상당히 어려워진다.

4) 인지적인 부분에서 문제를 보일 수 있다

다이어트 중독에 빠지면 집중력, 이해력, 판단력이 감소하여 심한 경우에는 간단한 내용의 책을 읽어도 그 내용을 파악하지 못할 수 있다. 또한 텔레비전 시청이나 음악 감상 등 일상의 매우 소소한 일에서도 집중력이 떨어지는 경험을 하여 상당한 고통을 겪는다.

5) 성격적 측면에서 변화가 나타날 수 있다

다이어트 중독에 빠지면 감정 기복이 심해지고 음식 이외의 다른 모든 일이나 활동에 대해서는 무감각한 모습을 나타낸다. 무엇보다 일상의 주요 활동에 무관심해지고 무책임한 행동을 나타내어 성취가 저하되기도 한다. 따라서 결국 자신감을 상실하고 대인 관계에서 위축된 모습을 보일 수 있다.

6) 신체적인 측면에서 심각한 문제가 나타날 수 있다

다이어트 중독에 빠지면 소화 장애, 수면 장애, 빈혈, 두통, 근력 저하, 부종, 탈모, 피로감과 무력감, 시력 및 청력 장애, 무월경, 성욕 저하, 골다공증, 변비, 혈액순환 및 체온 조절 문제, 그리고 몸에 솜털이 많이 생기는 등 다양한 신체적 · 생리적 문제를 겪기도 한다.

3. 나는 다이어트 중독일까

다음은 다이어트 중독 여부를 점검할 수 있는 자가 점검표[2)]다. 다음 26개 문항을 읽고 각 문항에서 자신에게 해당하는 항목의 숫자에 표시한 후, 각 문항의 점수를 계산하고 총점을 구해 보자.

다이어트 중독 자가 점검표

문 항	전혀 아니다	거의 아니다	보통 이다	자주 그렇다	항상 그렇다
1. 살찌는 것이 두렵다.	1	2	3	4	5
2. 배가 고파도 식사를 하지 않는다.	1	2	3	4	5
3. 나는 음식에 집착하고 있다.	1	2	3	4	5
4. 억제할 수 없이 폭식을 한 적이 있다.	1	2	3	4	5
5. 음식을 작은 조각으로 나누어 먹는다.	1	2	3	4	5

2) 이민규, 박세현, 손창호, 정영조, 홍성국, 이병관, 장필립, 윤애리(1998). 식이태도검사(Eating Attitude Test: EAT-26)-한국판 식이태도 검사-26 표준화 연구 1: 신뢰도 및 요인분석. 정신신체의학, 6, 155-175.

6. 내가 먹고 있는 음식의 영양분과 열량을 알고 먹는다.	1	2	3	4	5
7. 빵이나 감자 같은 탄수화물이 많은 음식은 특히 피한다.	1	2	3	4	5
8. 내가 음식을 많이 먹으면 다른 사람들이 좋아하는 것 같다.	1	2	3	4	5
9. 먹고 난 다음 토한다.	1	2	3	4	5
10. 먹고 난 다음 심한 죄책감을 느낀다.	1	2	3	4	5
11. 자신이 좀 더 날씬해져야겠다는 생각을 떨쳐 버릴 수 없다.	1	2	3	4	5
12. 운동을 할 때 운동으로 인해 없어질 열량에 대해 계산하거나 생각한다.	1	2	3	4	5
13. 다른 사람들은 내가 너무 말랐다고 생각한다.	1	2	3	4	5
14. 내가 살이 쪘다는 생각을 떨쳐 버릴 수가 없다.	1	2	3	4	5
15. 식사 시간이 다른 사람보다 더 길다.	1	2	3	4	5
16. 설탕이 든 음식은 피한다.	1	2	3	4	5
17. 체중 조절을 위해 다이어트용 음식을 먹는다.	1	2	3	4	5
18. 음식이 나의 인생을 지배한다는 생각이 든다.	1	2	3	4	5
19. 음식에 대한 나의 조절 능력을 과시한다.	1	2	3	4	5
20. 다른 사람들이 나에게 음식을 먹도록 강요하는 것 같이 느껴진다.	1	2	3	4	5
21. 음식에 많은 시간과 정력을 투자한다.	1	2	3	4	5
22. 단 음식을 먹고 나면 마음이 편치 않다.	1	2	3	4	5
23. 체중을 줄이기 위해 운동이나 다른 것을 하고 있다.	1	2	3	4	5

24. 위가 비어 있는 느낌이 있다.	1	2	3	4	5
*25. 새로운 기름진 음식을 먹는 것을 즐긴다.	5	4	3	2	1
26. 식사 후에 토하고 싶은 충동을 느낀다.	1	2	3	4	5

* 역문항.

이 점검표의 최고 점수는 78점이며, 총점이 20점 이상인 경우는 식이장애의 위험군, 즉 다이어트 중독에 해당한다고 볼 수 있다. 따라서 자신의 평가 결과, 총점이 20점 이상이라면 다음에 이어질 다이어트 중독의 자가 치료 방법에 따라 스스로를 치료해 보자.

채 박사와 함께하는 다이어트 중독 스스로 극복하기

지금부터 소개할 다이어트 중독의 자가 치료 단계는 다이어트 중독을 야기하는 잘못된 식사 행동과 그것을 유발하는 잘못된 생각 및 행동을 수정함으로써 그것으로부터 벗어날 수 있도록 돕는 치료법이다. 뿐만 아니라 이 단계는 인지행동치료의 기본 개념에 따라 다이어트 중독의 재발 방지를 돕는다. 즉, 다음과 같은 단계를 밟음으로써 지속적으로 자신을 관리 · 감독할 수 있으며 다이어트 중독에 빠지는 데 영향을 주는 잘못된 사고방식과 습관을 변화시켜 건강한 다이어트를 할 수 있다.

1) 첫 번째 단계: 식사 제한 행동을 중단하고 규칙적인 식습관 갖기

음식 섭취를 과도하게 제한하는 행동을 중단하기 위해서는 음식의 종류 및 칼로리를 정하는 것보다 식사를 규칙적으로 하는 습관을 기르는 것이 중요한 목적임을 잊지 않도록 한다.

식사는 하루 중 3회(아침, 점심, 저녁)의 정해진 횟수만큼 정해진 시간(오전 7시, 오후 12시, 저녁 7시, 시간은 개인의 하루 일정에 따라 조정해도 무방하나 반드시 시간을 정하여 규칙적으로 이행하는 것이 중요하다)에 하며, 계획된 일정 외의 식사 행동은 철저히 제한한다.

또한 계획된 적당량의 식사 후에는 더 이상 음식을 생각하지 말고, 복부의 팽만감에 집착하지 않도록 주의를 전환하여 몰두할 수 있는 다른 활동을 찾는다.

나는 아침은 ______시, 점심은 ______시, 저녁은 ______시에 먹은 후 __________에 몰두하겠다.

2) 두 번째 단계: 체중과 체형, 음식 섭취에 관한 잘못된 생각을 찾고 수정하기

- 체중 및 체형, 식사 행동과 관련하여 떠오르는 생각은 무엇인가?

- 체중 및 체형에 관한 잘못된 생각

  예 '나는 비만이다.', '사람들은 살찐 나를 보고 혐오할 것이다.'

____

- 음식 섭취에 관한 잘못된 생각

  예 '지금 이것을 먹으면 스트레스가 풀릴 것이다.', '너무 외롭다. 먹고 나면 기분이 나아질 것이다.'

____

- 떠오르는 생각과 다른 생각은 없을까?

- 다른 생각

  예 '먹는다고 문제가 해결되는 것은 아니다.'

____

3) 세 번째 단계: 잘못된 식사 행동이 나타나기 쉬운 상황과 적절한 대처 행동 찾기

평소 잘못된 식사 행동이 나타나기 쉬운 상황을 찾아보고 그러한 행동을 피할 수 있도록 돕는 대처 행동을 찾아본다.

- 잘못된 식사 행동이 나타나기 쉬운 상황:
  예) '혼자 있을 때', '친밀한 누군가와 다툴 때', '원하던 일이 잘 안 될 때'
- 상황: ______________________________
- 대처 행동
  예) '친구를 만나 수다를 떤다.'
- 대처 행동: ______________________________

4) 네 번째 단계: 가족이나 친구 등 가까운 사람에게 도움을 청하기

꾸준한 자가 치료를 통해 다이어트 중독에서 벗어날 수 있도록 자신을 도와줄 수 있는 가족 혹은 친구 등에게 도움을 요청한다.

나는 다이어트 중독의 자가 치료를 성공하기 위해 __________에게 도움을 요청하겠다.

잘못된 식사 행동에 대한 욕구를 대체할 수 있는 구체적인 활동을 정해 두고, 식사 행동에 대한 욕구가 나타날 때 이를 실천한다. 특히 폭식에 대한 욕구는 당시의 상황만 넘기면 이겨낼 수 있음을 기억하자. 잠시 주의를 전환할 수 있는 대체 활동의 목록을 만들어 보고 이를 실천해 보자.

- 대체 활동 목록:

  ㉠ 도와줄 수 있는 친구와 통화한다.

  산책을 하며 기분을 전환한다.

  즐거웠던 시간을 떠올려 본다.

  이를 닦은 후 책을 보거나 텔레비전을 보는 등 주의를 다른 곳으로 돌린다.

- 대체 활동 목록:

____

____

____

앞의 단계를 성실히 실행했다면 건강한 다이어트를 할 수 있는 준비가 된 것이다. 지금 건강한 다이어트를 시작할 준비가 되었는가? 그렇다면 건강한 다이어트를 시작하기 전에 다음의 내용을 다시 한 번 점검하자.

- BMI 측정 결과 자신이 다이어트가 꼭 필요한 사람이라고 생각하는가?
- 자신의 다이어트 목적은 무엇인가?
- 체중과 체형에 대한 잘못된 생각은 없는가?
- 불안이나 우울 등 다른 심리적 문제가 자신의 신체 이미지와 자존감에 부정적 영향을 주고 있지는 않은가?
- 반복된 다이어트 실패의 경험을 갖고 있지는 않은가?
- 주변에 건강한 다이어트를 도와줄 수 있는 사람이 있는가?
- 다이어트에 대한 현실적인 기대를 가지고 실천 가능한 목표를 세우고 있는가?

관련 자료

• 영화

〈301, 302〉(1995)
〈레퀴엠(원제: Requiem for a Dream)〉(2000)
〈브리짓 존스의 일기(원제: Bridget Jones's Diary)〉(2001)
〈금발이 너무해(원제: Legally Blonde)〉(2001)

• TV 프로그램

〈이영돈 PD 논리로 풀다〉(2012. 9. 17.)

6 운동 중독

풍요로워진 삶과 다양한 취미 활동의 증가, 건강하고 활기찬 노후에 대한 기대, 높아진 건강에의 관심, 거기에 매력적인 몸매 관리까지 현대인의 웰빙 바람에 발맞춰 운동의 중요성은 더욱 부각되고 있다. 텔레비전이나 신문에서는 운동으로 다져진 멋진 몸매를 자랑하는 유명인의 모습을 쉴 새 없이 보여 주고 운동을 통해 질병을 극복했다는 사례도 종종 소개한다. 더불어 많은 전문가는 우리에게 운동의 중요성을 알리면서 운동을 더 해야 한다고 말한다. 문화체육관광부의 2010년도 국민생활체육 참여 실태 조사 결과를 보면 주 3회 이상, 회당 30분 이상 규칙적으로 운동을 한다는 응답자는 전체의 41.5%에 달했다. 운동이 이처럼 다양한 긍정적 결과를 가져온다는 것은 이제 더 이상 설명할 필요도 없는 일이다. 그러나 이는 '적당한' 운동일 때라는 사실을 잊지 말아야 한다.

운동이 지니는 긍정적 이미지로 인해 우리는 운동에 중독된다는 말을 들어도 알코올 중독이나 도박 중독과 달리 그것에 대해 그다지 큰 심각성을 깨닫지 못하고 무심히 넘기는 경우가 많다. 그러한 이유로 운동에 중독되어도 그 문제점을 인식하지 못하고 결국 적절한 대응 또한 늦어지게 된다. 지나친 운동에의 몰입은 본래의 의도와 반대로 건강을 해치고, 더 나아가 생활의 안정성까지도 위협하는 심각한 중독 현상 중 하나라고 볼 수 있다. 즉, 초기에는 열심히 운동을 한다는 긍정적 평가를 내릴 수 있지만 점차 자신이 운동을 조절하는 것이 아니라 운동이 자신의 삶을 압도하고 조절하는 형국이 되는 것이다. 과도한 운동으로 근육과 관절의 손상 및 부상은 잦아지고 운동에 대한 생각이 머릿속을 채우며 일에 대한 집중력도 낮아진다. 다른 활동은 점차 소홀해지고 운동이 삶의 중심에 놓이는 것이다. 처음 운동을 시작할 때처럼 '차차 줄이면 되겠지.' 하고 생각하지만 생각과 달리 운동량이나 시간을 통제할 수 없어진다. 앞서 살펴봤듯이 중독된 사람은 그 사실을 깨닫거나 인정하기가 어렵고 그만큼 적절한 관리와 대응이 늦어지는 경우가 많다.

운동에의 관심과 생활체육에의 참여자가 늘어가는 현대사회에서 이제 운동은 그저 많이 할수록 좋다고 여길 만한 것이 아니라 적당한 강도와 시간을 점검하며 조절해야 하는 것이다. 이 장에서는 이렇게 심각성을 간과하기 쉬운 운동 중독 현상에 대해 살펴보고 스스로 운동을 조절할 수 있는 방법을 제시하고자 한다.

B씨는 몸매가 빈약해 보인다는 지인의 말에 자극을 받아 스포츠센터에서 아침 운동을 시작했다. 운동을 시작한 지 수개월이 지난 후 팔과 다리에 근육이 생기자 자신의 몸에 대한 자신감도 갖게 되었고, 그 긍정적 효과에 매료되어 운동을 더 열심히 하게 되었다. 그 뒤 더 강한 모습을 보이고 싶어 암벽등반을 시작했으며, 매일 시간이 나는 대로 스포츠센터에 가서 운동에 매달려 지내다 보니 운동 시작 1년여 만에 주변에서 몸짱이라는 소리를 듣게 되었다.

비록 몇 차례 부상도 입었고, 무리한 나머지 인대 손상, 근육통 등 신체적인 이상신호가 있었음에도 아플 때 운동을 하면 알 수 없는 쾌감까지 느껴졌다. 운동을 가야 할 시간에 회식이 생기면 빠져나갈 생각에 조급해지고, 운동을 못 하면 화를 내는 B씨에게 아내가 제일 먼저 운동에 중독된 것 같다는 말을 꺼냈다. 그러나 B씨는 그동안 잘 만든 근육이 망가지는 게 싫고, 운동을 안 하면 회사와 가정에서 받는 스트레스를 어찌 풀 수 있을지도 모르겠어서 운동을 포기할 수 없다. 무엇보다 운동량을 좀 줄일까 싶어도 그게 뜻대로 되질 않는다.

이제는 조금이라도 과식을 하면 탈진할 정도로 운동을 하고 근육 강화제를 맞을까 생각하는 자신을 보며 B씨는 스스로도 놀라고 있다. 지난 주말 가족 모임에서는 운동을 제대로 못하고 갔더니 내내 짜증이 나고 불안해서 가족에게 괜한 시비를 걸기도 했다. 이제 운동 없이는 아무것도 못할 것 같다.

1. 운동 중독이란

운동 중독은 아직까지는 그 개념과 정의가 명확하지 않은 새로운 현상이다. 이 현상은 베이클랜드(1970)가 운동과 수면에 대한 연구를 진행하던 중에 발견하였다.[1] 실험에 참가한 사람들은 규칙적으로 운동을 즐기던 사람들이었으며, 실험에서는 이들이 운동을 안 할 경우 수면 상태에서 일어나는 변화를 살펴보려 하였다. 그런데 실험 참가의 대가로 돈을 받기로 한 상황임에도 운동을 하지 못한다는 사실에 참가자들이 심한 불편감을 호소하기 시작했다. 그러한 사실이 발견되면서 운동 중독이 세상에 알려지기 시작했다. 운동 중독은 2004년에 국립국어원의 신어 목록으로 추가된 만큼 아직은 생소한 용어지만 최근 몸매 관리 및 다이어트 열풍으로 인해 관심을 받고 있다.

연구에 따르면 운동을 강하게 하는 사람은 '러너스 하이(runner's high)'라고 불리는 절정감을 느낀다고 한다.[2] 즉, 격렬한 운동으로 신체적 흥분이 극에 달해 마치 약물에 취한 것처럼 고조된 느낌을 경험한다는 것이다. 이러한 극적인 경험은 이후 운동에 더 빠져들거나 과도하게 운동의 강도를 높이는 결과를 가져올 수 있다.

일반적으로 운동 중독이란 운동에 대한 지나친 집착, 운동을 멈

1) Baekeland, F. (1970). Exercise deprivation, Sleep and psychological reactions. *Arch Gen Psychiatry. 22*(4), 365−369.

2) Wagemaker, H., & Goldstein, L. (1980). The runner's high. *Journal of Sports Medicine and Physical Fitness, 20*, 227−229.

춘 후 하루 내지 이틀 안에 보이는 불안함이나 초조함과 같은 심리적 혼란, 근육 경련 같은 다양한 신체적 금단증세와 운동을 하려는 강한 충동 및 욕구를 억제하지 못하는 일련의 행동을 말한다. 연구에 따르면 운동에 더 오래 참여한 사람들이 중독 수준도 더 높았으며, 운동을 하면서 경쟁적 시합을 하는 사람들이 중독과 더 강한 상관을 보였다고 한다.[3] 하루라도 운동을 안 하면 불안해지고, 운동 시간과 강도는 날이 갈수록 늘어나며, 운동을 하느라 가정이나 회사 일에도 소홀해지고, 심지어 부상을 입었음에도 무리해서 운동에 참여하고 있지는 않은가? 이런 경우 운동 중독을 의심해 볼 만하다.

2. 운동 중독에 빠지면

운동에 중독되면 다음과 같은 생각이나 행동을 하고 있는 자신을 발견할 수 있다.

1) 적당히 하려 해도 운동량은 자꾸만 늘어 간다

운동을 하며 원하는 운동 효과나 만족감을 느끼기 위해서는 해야 하는 운동의 양을 점차 늘려야 한다. 비슷한 양의 운동을 해서는 이전에 느낀 만족감을 느끼지 못한다. 결국 호흡이 힘들어지고 격심

3) 김재훈, 유진(2009). 생활체육 참여자들의 지속행동이 운동 중독에 미치는 영향. 한국스포츠 심리학회지. 20(1), 153-164.

한 근육 통증을 느끼는 등 체력의 한계를 느낄 정도로 고통스럽게 운동을 해야만 운동을 했다는 느낌을 갖게 된다.

2) 운동을 못하면 금단증상이 나타난다

운동을 하지 못하면 불안감, 초조함, 무기력함 같은 심리적 불편감을 느끼거나 때론 근육통, 경련과 같은 신체적 증상을 겪는다. 심한 경우에는 일상생활을 유지하기 어려울 정도의 정신적 혼란 같은 금단증상을 호소한다. 이러한 증상은 운동을 다시 해야만 사라져서 결국 운동을 줄이거나 멈추기가 힘들어진다.

3) 운동을 하고 싶은 욕구가 강해지고 그것을 통제할 수 없다

운동을 하고 싶은 느낌이나 생각이 들면 반드시 운동을 해야 한다. 또한 운동에 대한 욕구가 스스로 조절하기 불가능하다고 느낄 정도로 강하다.

4) 운동 때문에 직업, 학업, 사회 활동 등 삶의 다른 영역을 희생한다

지나치게 많은 시간을 운동을 하는 데 쓴다. 그 결과로 다른 취미 활동이나 대인 관계에 할애하던 시간이 점차 줄어든다. 운동에 빠져들수록 일상의 다른 활동은 축소되어 간다.

5) 운동에 대한 집착적인 생각이 자신을 사로잡는다

'매일 운동을 해야 하고 하루도 쉬면 안 돼.', '운동은 지치고 지쳐 더 못할 때까지 해야 속이 시원하지.', '운동량을 줄이면 힘들게 만든 근육이 다 망가질 거야.', '아파도 운동은 계속해야지.', '운동 이외엔 기분을 나아지게 할 일이 없어.', '운동 없인 사는 게 재미도 없고 의미도 없어.'와 같은 생각이 강하게 들어서 운동을 더 하게 되고 못할 때의 불안감도 커진다.

6) 심한 운동으로 신체에 무리가 오는데도 운동을 줄이거나 멈출 수가 없다

운동을 하다가 부상을 입었거나 무리한 운동으로 근육 혹은 관절이 상하는 신체적 손상을 입었음에도 운동을 지속하는 것이다. 어깨 관절 탈골, 뼈 골절, 인대 손상 등 심각한 부상 중에도 운동을 하다가 결국 심각한 상해를 입는 중독자의 사례는 운동 중독의 무서움을 여실히 보여 준다. 이러한 운동은 건강을 위하는 것이 아니라 반대로 건강을 파괴하는 위험한 행동인 셈이다.

3. 나는 운동 중독일까

이 절에서는 자신의 운동 행동에 중독의 위험이 있는지 스스로 살펴볼 만한 척도를 소개하고자 한다. 이는 간단한 검사이므로 운동 중독인지 아닌지 확정적인 진단을 하기보다는 중독의 위험도가 어느 정도인지를 살펴보는 정도로만 그 결과를 활용하기 바란다.

운동 중독 자가 점검표[4]

	문항 내용	전혀 그렇지 않다	그렇지 않다	보통	그렇다	매우 그렇다
1	운동은 내 삶에서 가장 중요한 요소다.	1	2	3	4	5
2	운동을 심하게 해서 가족이나 친구와 갈등을 겪은 적이 있다.	1	2	3	4	5
3	나는 기분 전환을 하고 싶거나 복잡한 문제가 있을 때 운동을 하곤 한다.	1	2	3	4	5
4	매일 운동하는 시간이 늘어 간다.	1	2	3	4	5
5	운동을 못하는 날이면 불안하고 기분이 좋지 않다.	1	2	3	4	5
6	운동량(혹은 강도)을 줄였다가도 다시 시작하면 이전에 했던 만큼을 해야 끝낼 수 있다.	1	2	3	4	5
총 점						

총 점	상 태
12점 이하	운동 중독으로부터 안심해도 되는 상태
13~24점	운동에 집착하고 있는 상태
25점 이상	운동 중독에 빠질 위험이 있는 상태

4) Terry, A., Szabo, A., & Griffiths, M. (2004). The Exercise Addiction Inventory: A New Brief Screening Tool. *Addiction Research and Theory, 12*(5), 489-499.

채 박사와 함께하는 운동 중독 스스로 극복하기

앞의 증상에 대한 설명이나 검사 결과에 비추어 중독이 의심된다면 전문가와의 상담을 통해 보다 상세한 정보를 얻고 도움을 받아야 한다. 이 절에서는 전문가와의 치료 이외에 스스로 자신의 운동 상태를 점검하고 문제를 찾아내어 자가 치료를 실시하는 데 도움이 되는 자료를 소개하고자 한다. 다음에서 소개하는 내용을 보다 효과적으로 활용하려면 그저 머릿속으로만 떠올리지 말고 지시하는 대로 직접 글로 써 보아야 한다. 이제 스스로 운동 행동을 관리하기 위한 시작으로서 펜과 종이를 준비하고 다음 내용을 천천히 읽어 내려가길 바란다. 운동 중독을 자가 관리하는 과정은 다음과 같이 크게 3단계로 구분할 수 있다.

1) 첫 번째 단계: 현재 자신의 운동을 분석해 보기

어떠한 문제든 해결의 시작점은 문제에 대한 정확한 이해에 있다. 여기서도 역시 가장 먼저 할 일은 현재 자신이 하고 있는 운동 행동에 대해 면밀하게 살펴보는 것이다.

(1) 일주일간 운동 시간 및 강도를 기록한다

날짜, 운동 종류, 소요 시간, 운동의 강도, 장소 및 함께한 사람 등 자신이 참여한 운동 활동에 대해 정확하고 솔직하게 기록한다.

(2) 운동으로 인해 생활에 나타난 변화나 결과가 무엇인지 살펴본다

막연히 '이전보다 운동을 과하게 한다.'는 정도로 살펴보는 것이 아니라 운동으로 인해 생활의 어떤 측면이 변화하였는지를 상세히 점검해 보는 것이다. 운동이 자신에게 미친 영향을 곰곰이 생각해 보고 글로 적어 보면 미처 깨닫지 못했던 운동의 영향력과 그로 인한 자신의 변화를 보다 분명하게 인식할 수 있을 것이다. 잠시 시간을 갖고 충분히 삶의 여러 영역을 되돌아본 뒤, 다음의 예처럼 점검표를 완성하면 된다.

운동으로 인한 변화 점검표

	운동 전	운동 초기	과도한 운동으로 인한 부작용/힘든 점
건강 상태 (상세히 기입)	고혈압과 약해진 체력에 대한 관리가 필요했다.	정상 혈압으로 회복, 체력 향상	피로감, 근육통
외모 체중, 근육량 등	71kg	68kg, 바지 치수가 줄어들었다.	체중 변화와 근육에 민감해졌다.
학업 관련 학습 시간, 집중도 등	-	-	지쳐서 공부하려다 잠들었다. 책을 봐도 운동 생각이 난다.
일 관련 근무 시간, 근무태도 등 (직장 생활 전반)	보통	운동 초기엔 이전보다 활기차게 업무를 본 것 같다.	근무 중에도 운동 생각이 나곤 한다.

친구 관계 만남의 횟수, 상호작용의 정도	보통	운동 초기엔 비슷하다.	주말엔 운동을 하기 때문에 이전처럼 만나지는 못한다.
가족의 반응	운동을 권했다.	같이 운동에 참여했다.	주말에 운동하는 것에 불만이 많다.
경제적 측면 운동에 지출하는 월 평균액	-	스포츠센터 회원비와 장비 구입비로 대략 10~15만 원 가량	내기골프 비용 등 쓰다 보면 늘 예산을 초과하고 많이 쓸 때는 100만 원을 넘기곤 한다.
시간 관리	-	하루 1시간 운동	주중엔 하루 2시간, 주말이면 거의 종일 운동
운동을 끝마칠 때의 기분	-	뿌듯함, 만족감	만족감, 아쉬움
운동을 못할 때의 기분	-	별 다른 감정 없었다.	화가 난다. 불안해진다.
운동 이외의 취미와 여가	영화 관람, 주말 여행	-	최근 영화를 본 적이 없다. 가족이 원해서 여행을 간 적은 있으나 가서도 나는 따로 운동을 했다.
기타	-	-	-

(3) 어떤 상황에서 특히 과도한 운동을 하게 되는지 점검한다

자신은 어떤 특정한 문제나 상황이 생길 때 또는 어떤 자극을 받을 때 운동 욕구가 강하게 생기는지 생각해 보자. 운동 초기에는 아마도 운동 후의 개운함이나 건강 증진 등과 같은 긍정적인 결과가 그것을 더 하게 하는 요인이었을 것이다. 하지만 운동 중독에 가까워질수록 불안, 스트레스, 갈등 등 피하고 싶은 부정적인 요소가 있을 때 도피처로 운동을 하게 된다. 결국 문제는 해결되지 않고 운동의 강도와 의존도만 높아진다. 그리고 해결되지 못한 문제들은 그대로 남아 있으면서 다시 어려운 상황이나 문제가 생길 때면 또 운동을 하는 반복된 고리에 빠져드는 것이다.

자신에게 있는 위험 요소 점검

"나는 ……할 때 더 격렬하게 운동을 하게 된다."	
과업 관련	**인간관계 관련**
- 직장, 학교에서 일이 뜻대로 잘 풀리지 않을 때 - 계획했던 일을 중단하거나 포기해야 할 때 - 끝마친 일의 성과가 기대보다 못할 때 - -	- 가족 간의 갈등으로 고민이 될 때 - 가족이나 친구와 말다툼을 한 이후 - 동료나 친구와 오해가 생겼을 때 - - - -
신체 상태 관련	**운동 능력 관련**
- 피로감을 느끼고 몸이 무거울 때 - 살이 찌고 있다고 느낄 때 - 식사를 평소보다 많이 했을 때 - 근육을 더 키우고 싶을 때 - - -	- 전날 운동을 빠졌거나 원하는 만큼 하지 못했을 때 - 같이 운동하는 사람이나 옆 사람의 운동 기술이 더 좋다고 느낄 때 - 생각보다 운동 기술이 나아지지 못하고 있을 때 -
감정 관련	**기 타**
- 누군가에 대한 원망이나 미움이 커질 때 - 미래에 대한 두려움이나 걱정이 생길 때 - 알 수 없는 불안감을 느낄 때	- - -

- 화가 났을 때 - 지루하고 심심할 때 - -	- - - -

2) 두 번째 단계: 새로운 변화를 시작해 보기

예상보다 더 오래 많은 양의 운동을 하였으며, 그로 인해 삶의 여러 영역에서 자신이 원하지 않던 변화가 생겼음을 확인했다. 그리고 운동이 자신의 문제나 불편한 감정에서 벗어나기 위한 도피처가 되어 버린 상황을 깨달았는가? 자신이 건강하고 즐겁게 운동을 조절하는 것이 아니라 운동에 끌려가며, 그것이 자신을 조절하고 있는 이 상황을 이제 바꾸어야 한다.

(1) 운동에 대해 자신이 가진 생각을 바꿔 본다

'내가 가지고 있는 생각, 과연 맞을까?', '조금 다르게 생각해 볼 수 있지 않을까?' 등 자신을 파괴하고 있는 운동 행동을 변화시키기 위해 먼저 다룰 부분은 바로 '생각'이다. 다른 생각은 다른 행동을 가져온다. 운동에 대해 자신이 가진 생각 하나하나를 그것이 과연 합리적인지, 융통성은 있는지, 현실적인지, 그리고 자신에게 도움이 되는 생각인지 곰곰이 따져 본다.

자신의 생각에 대해 다음과 같은 질문을 스스로 던져 본다.

- 이 생각에 대한 증거는 무엇인가? 반대되는 증거는 무엇인가?

- 이런 생각은 내게 긍정적인 영향을 미치는가?
- 이 생각대로 일이 진행될 확률은 얼마나 되는가?
- 증거와 확률을 고려하고서도 이 생각을 믿는 것이 의미 있는 일인가?
- 이 생각을 포기하는 것이 내게 어떤 변화를 가져다 줄 것인가?

이 질문을 중심으로 자신이 가진 생각을 따져 보았다면, 이제 그 생각을 보다 합리적이고, 융통성 있고, 현실적이며, 자신에게 도움이 되는 생각으로 바꿔 본다.

부정적인 생각을 긍정적으로 바꿔 봐요

기분 전환이 필요해. 역시 운동을 해야겠어.	➡	운동할 때만 잠시 잊을 뿐 상황은 그대로잖아. 금세 또 기분이 나빠지잖아. 기분 전환을 위한 다른 방법도 있을 거야.
운동을 적당히 하라는 주변 사람들도 사실은 내 근육을 부러워하고 있을 거야.	➡	이건 내 추측일 뿐 그들의 마음을 내가 읽을 수는 없어. 그들이 말한 대로 그들이 보기엔 내 운동이 과한 거야.
	➡	

생각을 바꾸기 위해서는 많은 노력이 필요하다. 처음 운동을 시작한 날을 떠올려 보자. 운동 기술이 늘어 가는 데 많은 시간과 노

력이 필요했듯이 새로운 생각에 익숙해지는 데에도 노력이 필요하다. 앞의 예처럼 생각 바꾸기 연습을 해 보고 다른 장에서 제시한 자동적 사고 기록지를 활용하여 매일 스스로의 생각을 점검한 후 바꿔 보는 훈련을 지속하기를 권한다.

(2) 운동을 하며 피하고 숨겨 왔던 감정을 다른 방법으로 다뤄 본다

이를 위해 일단 한 주간 운동을 잠시 멈춰 보자. 그리고 일상의 걱정거리, 갈등, 스트레스와 마주해 보자. 운동을 통해 피해 왔던 불편한 감정이 느껴지더라도 부인하거나 억누르지 말고 어떤 감정이 느껴지는지 살펴본다. 그 감정이 그동안 운동에 의해 감춰져 왔고, 그래서 더 운동에 매달리게 했던 이유다.

① 감정의 신호 알아차리기

감정의 소용돌이가 몰아치기 전에 조금씩 차오르는 감정을 먼저 알아채는 훈련을 한다. 화나고 있다는 사실을 억누르거나 무시하다 보면 참기 어려운 순간에 가서야 폭발하거나 그 분풀이로 과도한 운동을 하는 일이 반복된다. 신체 반응에 조금만 주의를 기울이고 솔직해지면 놓쳤던 감정을 깨달을 수 있다. 다음은 화나거나 불안할 때 나타날 수 있는 신체적 신호다. 이 외에 자신에겐 어떤 신호가 있는지 적어 보고, 이후 일상생활을 하면서 신호에 주의를 기울이는 연습을 해 보자.

- 속이 답답해지고 소화가 안 되는 느낌이다.

- 숨이 가빠진다. 숨을 자꾸만 크게 몰아쉰다.
- 주의집중이 안 된다. 자꾸 산만해진다.
- 얼굴이 불그스름해진다.
- 심장이 크게 쿵쾅거리는 것 같다.
- 안절부절못하고 이유 없이 걷고 있다.

신호를 이해하고 그것을 감지하는 훈련을 하면 감정에 압도돼 운동으로 도피하기 전에 보다 효과적으로 감정에 대처할 수 있게 된다.

② 운동으로 분풀이는 그만. 다른 방법으로 감정 다스리기

신호를 감지해서 감정을 보다 빨리 알아차리면 이제 그것을 다룰 여유가 생긴 것이다. 이렇게 알아차린 불편한 감정은 명상, 심호흡 등을 이용하여 효과적으로 다스릴 수 있다. 편안한 장소에서 복식호흡을 하거나 조용한 공원을 천천히 거닐며 걷기 명상을 시도해 본다.

(3) 운동으로만 가득 찬 자신의 삶 속에서 다른 즐거운 활동을 되찾아 본다

운동만이 유일한 낙이라고 여겼던 자신에게 다른 활동으로 다양한 즐거움을 추구할 기회를 주자. 주변의 문화센터나 구청에서 제공하는 교양강좌, 취미교실 등 즐길 만한 대안적인 활동을 많이 찾아볼 수 있다. 각각에 대해 개인적인 흥미도, 접근성(거리나 시간 등), 비용, 난이도, 함께할 사람이 있는지 등 다양한 기준으로 비교 평가

를 해 보고 가장 적절하다고 생각하는 활동을 시작해 보자. 미루지 말고 당장 새로운 활동을 시작하자.

또, 운동을 하느라 소홀히 해 왔던 일들을 실행할 계획을 세워 본다. 집 안 대청소, 책상 정리하기, 물품 구입, 미뤘던 친구와의 만남 등 작고 소소한 일상의 일부터 대인 관계를 유지하기 위한 사회적인 일까지 운동에 밀려서 못했던 일들을 다시 챙겨 본다. 계획은 주간 단위로 구체적으로 세우기를 권한다.

3) 세 번째 단계: 변화된 상태 유지하기

변화를 만들어 내기도 힘들지만 변화된 자신을 유지하기도 힘든 일이다. 혼자서는 어렵지만 채 박사와 함께 운동 중독으로 되돌아가지 않도록 자기 관리 방법을 익혀 보자.

(1) 운동에 대한 욕구가 강렬할 때의 대처 방법 세워 두기

앞서 실행한 연습을 하더라도 일상생활을 하다 보면 또다시 참기 어려운 욕구나 충동을 느낄 수 있다. 어떤 상황이 가장 참기 어려울지 미리 예상해 보고 각 상황에서 대처할 방법을 적어 보자.

- 예상되는 상황 (위험도 1~10): ㊕ 부부 싸움을 하고 혼자 있을 때 (7)

  ➡ 대처 방법: ㊕ 명상을 해 본다, 산책을 한다.

- 예상되는 상황 (위험도 1~10): ______________________ ( )

  ➡ 대처 방법: ______________________

(2) 건강한 운동을 위한 외부의 도움 활용하기

적당한 운동은 유지하는 것이 좋다. 다만 자신이 중독된 적이 있음을 기억하고 다시 중독에 빠지지 않도록 적당하게 운동을 유지할 작전을 세워 둔다.

- **휴대폰 알람 설정하기**: 운동량과 시간을 미리 계획해 놓아도 막상 운동에 빠지면 시간 가는 줄 모르고 하게 될 수 있다. 이를 방지하기 위해 끝나는 시간을 알려 줄 알람을 설정한다. 혹은 끝나는 시간뿐만 아니라 매시 정각을 알려 주는 스마트폰의 정각 알림 애플리케이션을 활용하여 시간 관리에 도움을 받는 것도 유용할 것이다.
- **도움을 줄 운동 친구 구하기**: 함께 운동을 하며 자신의 운동 강도와 시간을 점검해 주고 혹시라도 무리하지 않도록 지켜봐 줄 운동 친구를 만든다. 그 친구에게 자신의 운동 문제를 솔직하게 털어놓고 도움을 요청한다.
- **과도한 운동에 대한 벌 정하기**: 운동 친구와 함께 계획을 지키지 못할 때 실행할 벌칙을 정한다. 계획을 어길 경우에는 정해 놓은 벌을 미루지 말고 실행한다. 이때의 벌은 어느 정도 실행하기 괴로운 일이어야 한다. 너무 가벼운 벌을 정하면 차라리 운동을 더 하고 벌을 받는 나쁜 습관이 생길 수 있다. 또한 경우에 따라 처벌의 강도를 조절하는 것이 좋을 것이다. 운동 계획을 어기는 일이 빈번해지거나 한 번이라도 너무 많은 시간을 어겼다면 벌의 강도를 높인다.

(3) 운동 일지 작성하기

꾸준히 일지를 작성하며 스스로를 점검하는 습관은 운동 행동을 조절하는 데 도움이 될 것이다. 다음의 일지를 복사하여 운동할 때 솔직하게 기록한다.

날 짜	운동 종류	운동 강도		운동 시간		자기 평가
		목표 운동 강도	실제 운동 강도	목표 운동 시간	실제 운동 시간	
월 일		상 중 하	상 중 하	시간 분	시간 분	
월 일		상 중 하	상 중 하	시간 분	시간 분	
월 일		상 중 하	상 중 하	시간 분	시간 분	
월 일		상 중 하	상 중 하	시간 분	시간 분	
월 일		상 중 하	상 중 하	시간 분	시간 분	
월 일		상 중 하	상 중 하	시간 분	시간 분	
월 일		상 중 하	상 중 하	시간 분	시간 분	
월 일		상 중 하	상 중 하	시간 분	시간 분	
월 일		상 중 하	상 중 하	시간 분	시간 분	

(4) 지속적인 노력 기울이기

앞서 했던 생각을 바꾸는 연습, 감정을 살펴보고 그것을 보다 효과적으로 다루는 훈련, 운동 대신 선택한 활동을 하는 것, 그리고 변화를 유지하기 위한 세부적인 사항까지 모든 것은 시간과 노력을 요구한다. 잘 실행하다가 또다시 격한 운동으로 몸을 상하게 하는 행동을 할 수도 있지만 실망하거나 포기하지 않는 것이 중요하다.

그동안 해낸 것이 의미 있는 것이므로 중간에 범한 한두 번의 실수에 과도하게 의미를 두지 않기 바란다. 앞서 나온 훈련과 연습을 단 며칠이라도 해냈다면 그것만으로도 이미 자신은 중독을 이긴 경험을 한 것이다. 중간에 실수를 하더라도 또다시 그 성공의 경험을 만들어 내면 된다.

관련 자료

• 도서

김성옥 역(2004). 운동심리학. A. V. Carron의 *The psychology of physical activity*. 서울: 대한미디어.

김희경 역(2009). 내몸 대청소. F. Saldmann의 *Le Grand Menage*. 서울: 김영사.

박민수(2008). 내몸경영. 서울: 전나무숲.

7 인터넷 게임 중독

인터넷 게임 중독은 이제 말썽꾸러기 자녀를 둔 어느 가정의 문제만이 아니다. 컴퓨터의 보급화, PC방의 범람과 함께 스마트폰의 개발로 '내 손 안의 PC'가 실현됨에 따라 언제, 어디서, 누구든 쉽게 인터넷 게임을 접할 수 있으며, 그만큼 중독으로 빠져드는 대상도 어린 유아부터 성인까지 광범위해졌다.

한국정보문화진흥원(2011)[1]이 실시한 인터넷 중독 실태 조사에 따르면 전체 대상자의 7.7%가 인터넷 중독을 경험하는 것으로 나타났으며, 특히 10대의 인터넷 중독률은 10.4%, 그중에서도 고등학생이 12.4%로 가장 높게 나타났다. 여기서 알 수 있듯이 여전히 통제력이 부족한 아동, 청소년이 게임 중독의 취약 대상이라 할 수 있다. 하지만 아이들은 자신이 게임을 즐기는 정도가 중독 수준은 아니라고 여기거나 인정한다 하더라도 게임을 그만둘 생각이 없다고

1) 한국정보문화진흥원(2011). 인터넷 중독 실태조사. 한국정보문화진흥원.

말한다. 따라서 그들이 게임 중독에서 벗어나기 위해서는 스스로 게임 중독임을 인식하고 극복해 보려는 노력과 의지를 보이는 것이 중요하며, 부모의 관심과 조력 또한 반드시 필요하다.

우리 주변에서 흔히 볼 수 있는 아동과 청소년의 게임 중독 사례를 보고 게임 중독에서 벗어날 수 있는 해결책을 함께 찾아보자.

중학교 1학년을 마칠 무렵 낯선 지역의 학교로 전학을 간 P군은 새로운 친구를 사귀는 게 어려워 학교생활에 재미를 느끼지 못하고 인터넷 게임을 시작했다. 학교에서 오자마자 가방을 내팽개치고 컴퓨터 앞에 앉아 하루에 8시간 이상 게임을 했다. 밥 먹는 시간도 아까워 컴퓨터 화면에서 눈을 떼지 않은 채 컵라면을 먹으면서 한시도 게임을 쉬지 않았고, 새벽 한두 시가 되어도 그만둘 줄 몰랐다. 결국 다음날 아침이 되면 일어나는 것을 힘들어하면서 학교에 가기 싫다고 어머니와 싸움을 벌였고, 학교에 가더라도 수업 시간에 졸기 일쑤였으며, 졸지 않고 있을 때는 온통 머릿속에 게임 생각뿐이었다. 혹시 먼저 귀가한 동생이 컴퓨터를 쓰고 있지 않을까 불안하기도 했다. 학교에서 아이들과 대화도 하지 않아 친구를 사귈 기회는 점점 더 없어졌지만 상관없었다. 게임 속에서 만난 상대방과 게임 실력을 겨루는 것이 훨씬 더 재미있었기 때문이다.

방학 때는 하루 종일 밖에 나가지도 않고 밤을 꼴딱 새면서까지 게임을 하며 낮과 밤이 바뀐 생활을 하였다. 참다 못한 부모님이 인터넷을 끊고 컴퓨터 연결선을 잘라 보았지만 P군은 강하게 반발

하며 방에 있는 물건들을 집어 던지고, 말리는 어머니를 때리기도 하는 등 매우 공격적인 행동을 하였다. 그날 저녁에는 게임을 할 수 없는 집이 싫다며 가출을 하였고, 동네 PC방을 다 뒤져서야 찾을 수 있었다. 개학을 해도 학교 가는 것을 거부하였고, 성적은 바닥으로 곤두박질쳤으며, 부모님과의 관계도 악화되었다. 결국 P군은 컴퓨터가 있는 방문을 걸어 잠그고 어느 누구와도 소통을 하려고 하지 않은 채 게임을 통해서만 행복감을 느끼는 모습이었다. 부모님이 P군을 데리고 상담실을 찾아가 보려 하였지만 그는 그 시간도 아깝다며 방에서 나오려고 하지 않았다.

P군처럼 개인이 어려움을 겪고 있는 가장 취약한 시기에 게임이 유일하게 즐거움과 만족을 주는 대상이 되면서 그것에 빠져들기도 하지만 단순히 순간적인 재미로 시작했다가 자기도 모르는 사이에 빠져들어 게임에 중독되는 경우도 있다. 어떠한 경우든 자신이 게임 중독이라고 인정하는 경우는 흔치 않다. 게임 중독임을 인정한다 하더라도 게임 없이 사는 세상은 가치가 없다는 생각에 그로부터 벗어나려는 노력을 하지 않은 채 살다가 학업, 일상생활, 또래관계, 가족관계 등 이미 많은 상황이 척박해진 후에야 도움을 호소한다. 가족도 그것을 전문적인 도움을 받아야 하는 질병으로 인식하지 않아서 게임 중독에 빠져 있는 구성원과 실랑이를 벌이다가 감정의 골만 더 깊어지는 경우가 많다.

인터넷 게임을 지나치게 하는 것은 단지 개인의 취미 활동으로 볼 수 없으며, 주변 사람들과 전문가의 도움을 받아야 하는 중독 장애로 인식하는 것이 필요하다. 그렇다면 먼저 인터넷 게임 중독이 무엇인지에 대해서 살펴보도록 하겠다.

1. 인터넷 게임 중독이란

하나의 놀이 문화, 여가 활동으로도 볼 수 있는 인터넷 게임은 과연 얼마나 오래 해야 중독이라고 할 수 있을까? 단순히 게임 시간이 길다고 중독인 것은 아니다. 인터넷 게임 중독도 여타 다른 중독자에게 흔히 나타나는 내성과 금단증상이 있어야 하며, 그것이 일상생활에 어려움을 유발해야 중독되었다고 할 수 있다.[2] 즉, 인터넷 게임 중독이란 하루 중 대부분의 시간을 게임을 하면서 보낼 정도로 게임에 과도하게 집착하고, 그로 인해 일상 활동이 현저하게 줄어들며, 게임을 못 하면 초조하고 불안해하는 상태라 할 수 있다.

앞서 언급한 P군의 경우처럼 방과 후 집에 있는 시간과 방학 중 시간의 대부분을 게임을 하며 보내면서 그것에 집착하고, 게임을 하지 못하는 학교에 있는 시간에는 게임 생각에 빠져 빨리 그것을 하고 싶어 초조해하며, 그로 인해 식사와 수면, 학습 등 일상 활동이 제대로 이루어지지 못하고 있다면 게임 중독을 의심해 볼 수 있다.

2) 김청택, 김동일, 박중규, 이수진(2002). 한국형 인터넷 중독 진단척도 개발 연구. 서울정보통신연구진흥원.

2. 인터넷 게임 중독에 빠지면

게임 중독자가 하는 게임은 〈스타크래프트〉 같은 전략 시뮬레이션(RTS: real time simulation), 〈리니지〉 같은 온라인 롤플레잉(MMORPG: massive multiplayer online role-playing game), 〈서든어택〉 등의 1인칭 슈팅(FPS: first person shooting), 〈메이플 스토리〉와 같은 캐릭터 게임 등 다양하지만, 게임의 종류가 다르다 해도 그것에 중독된 아동 · 청소년이 보이는 증상과 특징은 유사한 양상을 보인다. 게임 중독에 빠진 아이들의 특징을 정리해 보면 다음과 같다.

1) 내성과 금단증상을 경험한다

인터넷 게임 중독자는 게임을 하지 않는 시간에도 그것에 대한 생각으로 다른 활동에 집중하지 못하고 불안해하며, 초조해하면서 힘들어한다. 게임에의 내성이 강해짐에 따라 초기에 만족했던 게임 시간으로는 만족하지 못하기 때문에 점점 그 시간이 늘어나고, 끼니를 거르며 밤을 새워 게임하는 경우가 허다해진다.

2) 학습을 등한시한다

게임에의 내성과 금단증상을 겪다 보면 학생들은 자연스럽게 학교에서 수업 시간에 집중하지 못하게 되며, 게임을 하느라 숙제할 시간도 없어 학업과 담을 쌓게 된다. 또한 성적 저하에 따라 좌절감을 느끼면서도 게임을 현실도피의 수단으로 삼고 게임에서의 자기 역할을 통해서만 성취감과 만족감을 얻으려고 한다.

3) 가상공간에 집착하고 가상공간과 현실공간의 경계 구분이 모호해진다

게임의 가상공간에서 등급을 높이고 상대방을 이기는 등 현실에서는 이루지 못하는 성취 경험을 함에 따라 그 가상공간에 점점 집착하게 되고 현실에서의 자신의 역할을 무가치하게 여기며 관심을 갖지 않게 된다. 게다가 가상공간과 현실의 구분이 모호해지면서 게임 캐릭터가 가지는 공격성과 폭력성 혹은 비현실적 능력을 현실에서도 발휘하고 싶어 작은 일에도 폭력적으로 행동한다거나 현실과 맞지 않는 엉뚱하고 황당한 행동을 하기도 한다.

4) 가족이나 친구 등 대인 관계에서의 갈등이 깊어진다

부모는 자녀의 게임 시간을 통제하려고 하지만 이미 게임에 빠져든 자녀는 그것을 간섭으로 여겨 반항한다. 그에 따라 부모-자녀 간의 대화가 단절되고 극단적인 감정 대립이 일어나기도 한다. 또한 게임에 중독된 아이들은 친구와 만나는 것보다 집에서 게임하는 것이 더 가치가 있다고 생각하며, 친구를 만나더라도 PC방에 가서 함께 게임을 할 목적으로 만난다. 때문에 정서적 교류를 하는 친구 관계를 형성하지 못하고 사소한 문제로도 서로 발끈하며 싸움을 하고, 친구가 없다 하더라도 전혀 상관없다고 여긴다.

5) 이차적인 문제 행동 및 범법 행위가 발생하기도 한다

게임에 중독된 아이들은 게임을 더 많이 하기 위해 부모에게 거짓말을 하거나 게임 비용을 조달하기 위해 가족의 지갑에 손을 대기도 하고, 돈을 뺏거나 훔치기도 한다. 또한 게임을 계속하고 싶어 가출 혹은 무단결석을 하거나 심지어 자퇴를 하기도 한다. 더욱이 게임 아이템을 사고파는 과정에서 다른 사람에게 사기를 치기도 하고 해킹을 통해 다른 사람의 아이디를 도용하기도 하는 등의 불법적인 행동을 하기도 한다.

6) 건강 상태가 취약해진다

게임에 중독되면 게임을 하면서 계속 모니터를 바라보기 때문에 안구 질환이 생기거나 시력이 약화되기도 한다. 끼니를 거르거나 인스턴트식품만 먹는 불규칙한 식습관이 생기기도 하며, 밤낮이 바뀌는 수면 주기로 인해 위장질환, 두통, 만성 피로감 등을 경험할 수도 있다. 컴퓨터 모니터를 오랫동안 쳐다보고 마우스를 장시간 사용하면서 '거북목 증후군[3]'이나 '테니스 엘보[4]'와 같은 신종 증상이 나타나기도 한다.

3) 목을 앞으로 뺀 자세를 거북목이라 하는데, 컴퓨터나 스마트폰 등 눈높이보다 낮은 디지털 기기를 오랫동안 쳐다보면서 문제가 될 수 있다. 즉, 뒷목과 어깨 근육이 많이 뭉치게 되고 근육의 긴장 상태가 장기화되어 두통이 생기며, 쉽게 피곤해지고 통증으로 인해 신경질적이 될 수 있다.

4) 상과염이라고도 하며, 과도한 손목 사용에 의해서 팔꿈치 관절의 바깥쪽 뼈가 튀어나온 부위의 근육과 힘줄이 찢어지거나 손상을 받아 생기는 통증이다. 테니스, 골프 등 팔을 쓰는 운동을 지나치게 많이 하거나 직업상 팔을 많이 쓰는 사람에게서 발생하는데, 컴퓨터 과다 사용자에게도 나타날 수 있다.

3. 나는 인터넷 게임 중독일까

인터넷 게임 중독의 정의와 특징을 알고 있다 하더라도 중독인지 아닌지를 판단하기 위해서는 명확한 기준이 필요한데, 인터넷 게임 중독 척도를 통해서 이를 판단해 볼 수 있다. 한국정보문화진흥원[5]에서는 아동 · 청소년의 인터넷 게임 중독 척도를 개발하여 인터넷 중독 대응센터 홈페이지(http://www.iapc.or.kr)를 통해 누구나 자가 진단을 할 수 있도록 제시하고 있다. 다음의 진단 척도를 통해 자신의 인터넷 게임 중독 정도를 판단해 보자.

아동용 인터넷 게임 중독 척도

문항 내용	전혀 그렇지 않다	때때로 그렇다	자주 그렇다	항상 그렇다
1. 게임으로 인해 학교생활이 재미없게 느껴진다.	1	2	3	4
2. 게임을 하는 것이 친한 친구와 노는 것보다 더 좋다.	1	2	3	4
3. 게임 속의 내가 실제의 나보다 더 좋다.	1	2	3	4
4. 게임에서 사귄 친구들이 나를 더 알아준다.	1	2	3	4
5. 게임에서 사람을 사귀는 것이 더 편하다.	1	2	3	4
6. 내 캐릭터가 다치거나 죽으면 실제로 내가 그렇게 된 것 같다.	1	2	3	4

5) 한국정보문화진흥원(2006). 유 · 아동 및 청소년의 인터넷 게임 중독 척도 개발 연구. 한국정보문화진흥원.

7. 게임을 하느라 학교 숙제를 할 시간이 없다.	1	2	3	4
8. 게임을 하느라 해야 할 일을 못한다.	1	2	3	4
9. 게임하는 시간이 점점 더 길어진다.	1	2	3	4
10. 처음에 계획했던 게임 시간을 지키기 어렵다.	1	2	3	4
11. 게임을 그만하라는 말을 듣고도 그만두기가 어렵다.	1	2	3	4
12. 게임하는 시간을 줄이려고 하지만 잘 안 된다.	1	2	3	4
13. 게임을 안 하겠다고 마음먹고도 다시 게임을 하게 된다.	1	2	3	4
14. 게임을 하면서 전보다 짜증이 늘었다.	1	2	3	4
15. 다른 할 일이 많아도 게임을 먼저 한다.	1	2	3	4
16. 게임을 못하면 하루가 지루하고 재미없다.	1	2	3	4
17. 게임을 안 할 때도 게임 생각이 난다.	1	2	3	4
18. 야단을 맞더라도 게임을 하고 싶다.	1	2	3	4
19. 게임을 하지 못하면 불안하다.	1	2	3	4
20. 누가 게임을 못하게 하면 화가 난다.	1	2	3	4
총 점	/ 80			

청소년용 인터넷 게임 중독 척도

문항 내용	전혀 그렇지 않다	때때로 그렇다	자주 그렇다	항상 그렇다
1. 게임을 하는 것이 친한 친구들과 어울리는 것보다 더 좋다.	1	2	3	4
2. 게임 공간에서의 생활이 실제 생활보다 더 좋다.	1	2	3	4
3. 게임 속의 내가 실제의 나보다 더 좋다.	1	2	3	4

4. 게임에서 사귄 친구들이 실제 친구들보다 나를 더 알아준다.	1	2	3	4
5. 게임에서 사람을 사귀는 것이 더 편하고 자신 있다.	1	2	3	4
6. 밤늦게까지 게임을 하느라 시간 가는 줄 모른다.	1	2	3	4
7. 게임을 하느라 해야 할 일을 못한다.	1	2	3	4
8. 갈수록 게임을 하는 시간이 길어진다.	1	2	3	4
9. 점점 더 오랜 시간 게임을 해야 만족하게 된다.	1	2	3	4
10. 게임을 그만두어야 하는 경우에도 게임을 그만두는 것이 어렵다.	1	2	3	4
11. 게임하는 시간을 줄이려고 노력하지만 실패한다.	1	2	3	4
12. 게임을 안 하겠다고 마음먹고도 다시 게임을 하게 된다.	1	2	3	4
13. 게임 생각 때문에 공부에 집중하기 어렵다.	1	2	3	4
14. 게임을 못한다는 것은 견디기 힘든 일이다.	1	2	3	4
15. 게임을 하지 않을 때에도 게임 생각을 하게 된다.	1	2	3	4
16. 게임으로 인해 생활에 문제가 생기더라도 게임을 해야 한다.	1	2	3	4
17. 게임을 하지 못하면 불안하고 초조하다.	1	2	3	4
18. 다른 일 때문에 게임을 못하게 될까 봐 걱정된다.	1	2	3	4
19. 누가 게임을 못하게 하면 신경질이 난다.	1	2	3	4
20. 게임을 못하면 화가 난다.	1	2	3	4
총 점	/ 80			

<table>
<tr><th colspan="2">총 점</th><th>상 태</th><th>해 석</th></tr>
<tr><td>아동</td><td>35점 이하</td><td rowspan="2">일반 사용자</td><td rowspan="2">게임 습관을 스스로 조절할 수 있으며, 게임과 현실 세계에 대한 구분이 명확하고, 게임으로 인한 정서적인 변화를 경험하지 않고 있다. 자신의 욕구를 적절히 조절할 수 있고, 효율적으로 문제를 해결하는 경향을 보이므로 인터넷 게임을 하는 것 역시 적절하게 조절할 수 있어 보인다. 또한 일시적인 충동이나 즉각적인 만족을 주는 문제 행동을 피하고 인내할 수 있는 능력이 높아 보이며, 자신에 대해 긍정적으로 생각하는 경향이 강하다. 그래도 지속적으로 자가 점검을 해야 한다.</td></tr>
<tr><td>청소년</td><td>37점 이하</td></tr>
<tr><td>아동</td><td>36~45점</td><td rowspan="2">잠재적 위험이 있는 사용자</td><td rowspan="2">고위험 사용자에 비해 낮은 수준이긴 하나 가상세계에 많은 관심을 보인다. 또한 게임에 몰입하여 게임과 현실 생활을 혼동하거나 게임으로 인해 현실 세계의 대인 관계, 일상생활에 문제를 나타낼 수 있다. 공격적 성향을 보일 수 있고, 자기 통제력이 낮고 충동적이며, 자기 위주로 생각하고, 말보다는 행동이 앞서는 경향이 있다. 자신에 대해서도 부정적으로 생각하는 경향을 보인다. 게임 중독 행동을 주의하고 예방 프로그램에 참여하는 것이 필요하다.</td></tr>
<tr><td>청소년</td><td>38~48점</td></tr>
<tr><td>아동</td><td>46점 이상</td><td rowspan="2">고위험 사용자</td><td rowspan="2">현실 세계보다는 가상의 게임 세계에 몰입하여 게임 공간과 현실 생활을 혼동한다. 또한 게임으로 인해 현실 세계의 대인 관계 혹은 일상생활에 부적응 문제를 보이며, 부정적 정서를 나타낼 수도 있다. 이는 게임을 하느라 친구와 어울리지 못하는 등 게임 행동을 적절하게 조절할 수 없는 상태다. 일반적으로 자기 통제력이 낮아 일시적인 충동이나 즉각적인 만족을 추구하며, 인내력과 효율적인 문제 해결 능력이 부족한 경향을 보인다. 또한 공격적 성향이 높고 자신에 대해 부정적으로 생각하는 경향이 강하다. 따라서 전문적인 치료와 상담이 필요하다.</td></tr>
<tr><td>청소년</td><td>49점 이상</td></tr>
</table>

4. 가정에서 도움 주기

게임 중독에 빠져드는 청소년 중 상당수가 가정 내 갈등을 동시에 경험한다. 부모는 자녀가 스스로 노력하여 게임 중독에서 벗어날 때까지 기다리거나 그들을 야단치고 윽박지름으로써 그러한 행동 문제가 달라질 수 없다는 사실을 인식하고, 적극적으로 개입하기 위한 자세를 취해야 한다. 이때 부모의 지시대로 따르도록 강요하거나 무조건 컴퓨터 게임을 하지 못하도록 하면 오히려 자녀는 PC방 등 부정적인 환경에 노출되고 거짓말을 일삼을 우려가 있다.

한편, 컴퓨터에서 게임을 모두 삭제하거나 컴퓨터에 잠금 번호를 설정해 놓는 등 외부 환경만을 통제하는 것은 일시적으로 도움이 되는 듯이 보이긴 하지만 궁극적으로 자녀의 자발적인 통제 능력을 성장시키는 데는 분명한 한계가 있다. 그렇다면 자녀의 게임 중독을 예방하거나 게임 중독에 빠져 있는 자녀를 변화시키기 위한 부모의 효과적인 개입은 무엇일까? 무엇보다 부모가 자녀에게 마음을 열고 다가가는 온정적인 소통이 우선 되어야 하며 문제 해결의 기술을 지니는 것도 필요하다. 자녀의 게임 중독 문제를 해결하기 위해 다음의 단계를 실행해 보자.

1) 첫 번째 단계: 자녀와 대화 시도하기

문제 행동을 변화시키기 위해 자녀와의 대화를 시도할 때는 다음의 3가지를 꼭 기억하자. 첫째, 부모가 자녀의 눈높이에서 그들의 욕구를 진심으로 이해하고자 하는 마음이 있어야 한다. "○○이가 그런 마음에서 게임을 많이 하고 싶었구나.", "게임이 ○○이한테 그런 즐거움을 주어서 게임에 빠져 있었구나." 등의 수용적인 반응을 해 주는 것이 필요하다.

둘째, 부모는 자녀의 기대나 판단을 무조건 비판하거나 다그치지 말고 그들의 이야기를 경청한 후에 자신의 가치 기준이나 생각 혹은 바람 등을 전달해야 한다. 이 단계에서 부모는 컴퓨터 사용량을 점차 줄이는 것이 왜 필요한지, 자녀가 컴퓨터 게임에 오랫동안 몰두하고 있을 때 어떤 염려와 불안한 생각이 떠오르는지를 전달한다.

셋째, 이러한 대화 과정에서 서로 상충하는 의견이 있다면 이를 어떻게 조정할 것인지 대화의 장을 만들어야 한다. 이때, 변화시켜야 할 행동 목록은 구체적이고 부모가 눈으로 확인할 수 있는 것이어야 하며, 여러 가지를 한 번에 적용하기보다는 실천할 수 있는 수준으로 1~3가지 정도만을 자녀의 의견을 수렴해서 정한다. 이에 대한 상벌 역시 명확하게 정해 두는 것이 도움이 된다. 또한 이를 지키는 데 걸림돌이 될 만한 요인도 미리 고려하고, 그것을 잘 지키기 위해 부모가 어떤 도움을 주기 원하는지 물어보는 것도 잊지 말아야 한다. 이때 부모는 '네가 지키나 한번 보자. 작심삼일이겠지.' 하는 식의 마음가짐이나 냉소적인 태도를 버려야 한다. 자녀가 목표한 행동이나 약속을 못 지키면 벌을 주거나 비난하는 것이 아니라 자녀가 꼭 작은 목표라도 성취하는 경험을 맛보도록 하는 데 목적이 있음을 명심해야 한다.

2) 두 번째 단계: 기본적인 원칙 유지하기

인터넷 중독과 관련한 전문적인 부모교육이나 책을 통해 자녀의 인터넷 중독 수준을 평가해 보고, 그들이 왜 인터넷 게임에 빠지게 됐는지, 중독의 특성은 무엇인지 등을 이해해 보는 과정을 선행해야 한다. 부모교육의 핵심은 기본 원칙을 꾸준히 일관된 태도로 유지하는 것이므로 다음의 기본 원칙을 잘 숙지하고 눈에 띄는 곳에 붙여 두어서 자주 상기하는 것이 효과적일 것이다.

기본 원칙

첫째, 어머니와 아버지가 함께 통일된 입장을 견지해야 한다.

둘째, 부모는 게임 시간을 통제하는 데 앞서 자녀에게 애정을 보여 주고 소통하는 것이 우선이다.

셋째, 부모와 자녀 간에 합리적인 규칙을 정한다.

넷째, 컴퓨터를 잘 보이는 위치에 놓게 한다.

다섯째, 부모는 자녀의 인터넷 게임 행동에 대한 비난을 줄인다.

여섯째, 부모는 가정 내 갈등 문제에 대해 자녀와 자주 의사소통한다.

3) 세 번째 단계: 바른 인터넷 사용법 지도하기

자녀에게 올바른 인터넷 사용법을 지도하는 것은 부모의 중요한 역할이다. 올바른 인터넷 사용법의 지도 원칙으로는 첫째, 컴퓨터와 인터넷을 사용할 때는 부모와 꼭 대화를 나누면서 사용하도록 가르친다. 둘째, 인터넷에서 한 활동은 교실에서 배운 것을 이야기하듯이 부모와 꼭 이야기하도록 가르친다. 셋째, 인터넷 사용 규칙을 자녀와 의논해서 정하도록 한다. 이러한 3가지 원칙에 맞춰서 자녀에게 올바른 인터넷 사용 방법을 지도하는 것이 좋다. 또한 자녀와 협의하여 '인터넷 사용 규칙 서약서'를 작성한 뒤 서로 서명하는 등의 형식적인 절차를 거치는 것도 자녀가 자신의 행동에 책임감을 갖게 하는 데 도움을 준다.

인터넷 사용 규칙 서약서

이 규칙들은 나의 안전을 위한 것입니다.

나는 인터넷 게임을 할 때 다음의 규칙들을 준수하겠습니다.

① 나는 하루 중 (언제:) 그리고 (얼마 동안:) 인터넷 게임을 할 수 있다.

② 부모님의 허락 없이 가족의 개인 정보(주민등록번호, 신용카드 번호, 전화번호, 집 주소, 학교 등)를 노출시키지 않겠다.

③ 나의 비밀번호는 비밀이다. 나는 비밀번호를 누구에게도 알려주지 않겠다.

④ 부모님의 허락 없이 온라인에서 만난 사람을 밖에서 절대로 만나지 않겠다.

⑤ 나를 혼란스럽게 하거나 위협하는 사람이 있을 경우에는 즉각 부모님에게 알릴 것이다.

⑥ 나쁜 말이나 위협하는 말에 어떤 반응도 하지 않을 것이다. 그런 메시지를 받으면 빨리 부모님에게 알릴 것이며, 대화방에서 불편한 상황에 직면하면 재빨리 그곳에서 나오거나 컴퓨터를 끌 것이다.

⑦ 부모님의 허락 없이 돈을 내는 게임 사이트에 접속하지 않겠다.

⑧ 나는 ①~⑦의 규칙을 집, 학교, 도서관 그리고 친구의 집에서도 따를 것이다.

나는 이 규칙들을 지킬 것을 약속합니다.

날짜: ______________ 내 사인: ________________

부모님 사인: ________________

4) 네 번째 단계: 가족 간 여가 프로그램 계획하기

가정에서 자녀의 게임 시간을 규제하는 것뿐 아니라 이를 대체할 수 있는 가족 여가 프로그램을 계획해 보는 것도 매우 중요하다. 가족이 다함께 모여 서로의 의견을 수렴한 후 함께 즐길 수 있는 여가 활동을 공유하는 것은 상호 이해와 의사소통 기회를 증진하고 가족 간의 유대를 강화하는 데 큰 힘이 된다. 예를 들어, 가족이 함께 외식하기, 공원 산책하기, 영화 보기, 공연 감상하기, 전시회 가기, 운동하기, 보드게임하기, 캠핑하기 등이 있으며 이 외에도 가족의 흥미에 따라 다양한 활동을 계획해 볼 수 있다. 여가 활동을 실행하기 위한 구체적인 계획이나 일정, 예산, 시간 등을 자녀가 주도적으로 정해 보도록 하는 것도 부모와 자녀 간에 신뢰나 상호작용을 증진시킬 뿐 아니라 자녀의 자존감을 높이는 데 한몫한다.

인터넷 게임 중독 현상은 IT 강국에 속하는 우리나라에서 매우 급속하고 광범위하게 퍼져 나가고 있다. 이처럼 인터넷 게임 중독이 사회적인 문제로 인식되면서 여러 가지 국가 정책도 시행되고 있지만 여전히 그에 대한 실효성 논란은 제기되고 있다. 즉, 제도적인 장치만으로는 게임 중독이 쉽게 극복되지 않는 것이 현실이며, 그만큼 인터넷 게임 중독을 치료하는 것은 어려움이 많다.

만약 앞서 언급한 단계에 따라 부모와 자녀가 함께 노력을 기울여도 2달 이내에 점진적인 변화가 나타나지 않는다면, 보다 전문적인 치료 서비스 기관을 통해 도움을 받는 것이 필요하다. 또한 다음의 상황에 해당하는 경우는 바로 전문기관의 치료 프로그램과 부모의 협력을 병행하는 것이 효과적이다.

- 이미 게임 중독 고위험군에 속해 있는 경우
- 자녀가 게임 중독에서 벗어나고 싶은 자발적인 의지가 적은 경우
- 부모 – 자녀 관계가 좋지 않아 갈등이 있는 경우
- 게임 중독 문제뿐 아니라 또래관계의 어려움을 동시에 경험하는 경우

최근에는 국가가 나서서 게임 중독을 집중적으로 다루는 치료 기

관을 지역별로 개설하고 있는 추세다. 또한 인터넷 사이트를 통해 누구나 쉽게 게임 중독 성향에 대한 자가 점검을 할 수 있으며 예방적 차원의 지식도 얻을 수 있다(부록 참조). 게임 중독에서 벗어나는 일이 아무리 어렵더라도 포기하지 말고 스스로의 의지와 가족의 도움을 통해 극복해 나가길 기대해 본다.

채 박사와 함께하는 인터넷 게임 중독 스스로 극복하기

다른 중독성 물질과 달리 컴퓨터나 인터넷은 일상생활에 필요하기 때문에, 지금까지 소개한 인터넷 게임 중독의 치료 전략은 대개 컴퓨터의 사용을 완전히 금지하는 것보다 그 사용을 절제하거나 통제하는 것을 목표로 한다.[6] 그러므로 컴퓨터를 아예 없애거나 금지시키는 것보다는 이를 절제해서 적응적으로 사용할 수 있도록 돕는 데 치료의 목적을 둬야 한다. 또한 스스로의 인식과 노력뿐 아니라 부모나 주변 사람들의 적극적인 도움 역시 동시에 이뤄져야만 한다. 앞서 제시한 인터넷 게임 중독 자가 진단 척도를 실시한 결과, 자신이 고위험 사용자나 잠재적 위험 사용자에 속한다면 중독의 위험성을 인식하여 게임 중독에서 탈출하기 위해 다음의 단계를 실천해 보자.

1) 첫 번째 단계: 기본 수칙 숙지하기

밥 먹고 잠자고 매일 정해진 시간에 운동을 하는 등의 하루 일과는 적절한 시간에 규칙적으로 하는 것이 우리의 삶을 윤택하게 만든다. 하지만 텔레비전이나 컴퓨터와 같은 매체의 사용에 지나치게 몰두하는 것은 자칫 생활의 리듬이나 질을 저하시킬 수 있으므로 가능한 한 그것이 일상적인 일과처럼 생체리듬에 익숙해지지 않도

6) 성윤숙(2005) 청소년의 온라인게임 중독 예방 및 대책. 한국청소년 개발원.

록 시간과 사용량을 조정하는 것이 매우 중요하다.

매일 정해진 시간이나 요일에 게임을 할 수 있도록 정해 놓은 경우, 우리의 뇌는 그 시간만 되면 당연히 게임을 하게 반사적으로 적응한다. 따라서 게임 중독에서 벗어나기 위해서는 실제 게임 사용 시간을 점차 줄여 나가는 것도 필요하지만 그러한 생체리듬을 깨기 위한 기본 수칙을 정하는 것도 동시에 필요하다. 예를 들어, 매일 하루에 2시간씩 정해 고정적인 활동으로 게임을 하기보다는 매달 첫 주는 월요일과 목요일에, 둘째 주는 화요일과 금요일에 게임을 하는 방식이나 첫 주는 이틀에 한 번, 둘째 주는 사흘에 한 번 게임을 하는 등 불규칙하게 시간을 배정하여 좋지 않은 습관이 몸에 베이지 않도록 생체리듬을 변화시켜야 한다.

또한 컴퓨터를 사용할 때는 꼭 부모나 주변 사람들에게 사용 허가를 받고 몇 시간을 사용할 것인지 미리 확인을 받는 것이 필요하다. 그리고 정해진 시간이 훌쩍 지나도록 모르고 게임을 계속하지 않기 위해서는 컴퓨터 앞에 알람 시계를 놓고 끝나는 시간에 울리도록 하는 것이 도움이 된다.

다음에 제시하는 기본 수칙은 집 안 곳곳의 눈에 잘 띄는 곳에 적어도 2군데 이상 붙여 놓고 보는 것이 좋다.

게임 중독 탈출을 위한 기본 수칙

- 인터넷 게임을 하는 시간을 점차 줄여 한 번에 2시간 미만이 되게 한다.

- 인터넷 게임을 하는 요일은 첫째 주와 셋째 주는 월요일, 목요일로, 둘째 주와 넷째 주는 화요일, 토요일로 정한다.
- 부모님에게 꼭 허락을 받은 뒤에 컴퓨터를 사용하게 한다.
- 알람 시계를 사용해 게임을 끝내는 시간을 정해 놓는다.
- 게임에서의 지위는 현실이 아니라는 것을 매일 인식한다.
- 게임 대신 할 수 있는 좋은 취미 활동(예: 독서, 운동, 신문 읽기, 스크랩 등)을 매일 20분씩 실천한다.

2) 두 번째 단계: 사고 활동지 활용하기

사고와 행동은 유기적으로 긴밀하게 연결되어 있기 때문에 행동의 변화를 촉구하기 위해서는 자신의 생각을 점검해 보는 인지 행동적 접근법을 사용할 수 있다. 즉, 현재 자신이 컴퓨터 게임에 지나치게 몰입하고 있는 이유와 그것이 자신의 현재에 미치는 영향을 점검해 보는 시간을 갖는 것이 필요하다. 따라서 자신이 인터넷 게임을 하는 이유는 무엇인지, 인터넷 게임의 장점과 단점은 무엇인지 등을 충분히 생각해 보고 실제 기록해 보는 것이 도움이 된다. 이 외에도 컴퓨터 게임을 줄이기 위한 방법을 머릿속에서 떠오르는 대로 적어 보는 브레인스토밍 식의 사고활동도 도움이 된다. 다음은 '자신의 사고를 점검해 볼 수 있는 활동지'의 예다. 이 활동지를 보기 전에 우선 자신의 생각을 정리해 보는 것이 더 효과적일 것이다.

자신의 사고를 점검해 볼 수 있는 활동지

활동1	내가 인터넷 게임을 하는 이유는 무엇인가?	
	- 집에서 마땅히 할 일이 없고 심심하기 때문에 함. - 공부하라는 말에 스트레스를 받으면 이를 해소하기 위해 하게 됨. - 컴퓨터 게임에서 이길 때마다 희열과 만족감이 높아짐.	
활동2	인터넷 게임의 장점과 단점을 생각해 보자.	
	인터넷 게임 조절 시	인터넷 게임 과다 사용 시
장점	- 충분한 수면과 휴식 - 건강 향상 - 집중력과 판단력 향상 - 성적 향상 - 자긍심 - 정상적인 생활 - 부모와의 관계 개선 - 좋아하는 취미 생활 가능 - 일의 능률 향상	- 잡념이 안 생김. - 스트레스가 해소됨. - 긴장이 이완됨. - 외로움과 지루함이 감소함. - 걱정을 잊게 됨. - 자신감이 증가함. - 많은 친구와 교제할 수 있음.
단점	- 자꾸 생각이 남. - 지루함. - 재미가 없음. - 외로움. - 친구들과 어울리지 못할 것이라는 두려움이 생김. - 스트레스를 받음.	- 만성적인 피로 - 시력 저하 - 수면 부족 - 죄책감 - 무기력감 - 성적 하락 - 외로움 - 부모와의 관계 악화 - 용돈 부족

3) 세 번째 단계: 하루 활동 시간을 평가하기

컴퓨터 게임 시간을 점진적으로 줄이면서 긍정적인 활동을 늘려나가기 위해서는 하루 일과의 활동 시간을 기록해 보고 그중 컴퓨터 게임이 차지하는 비중을 인식하는 것이 중요하다. 다음의 '시간 사용 평가표'에서 활동 영역별로 시간 사용의 흐름을 파악해 보고 그러한 시간 사용이 적절한지 스스로 평가해 보자.

시간 사용 평가표

활동 영역	사용 시간	평 가	목표 시간
컴퓨터 게임 시간	__시간 __분	①적당함 ②많음 ③적음	__시간 __분
수면 시간	__시간 __분	①적당함 ②많음 ③적음	__시간 __분
혼자 공부하는 시간 (숙제, 혼자서 학습)	__시간 __분	①적당함 ②많음 ③적음	__시간 __분
학교, 학원, 과외 공부에 쓰는 시간	__시간 __분	①적당함 ②많음 ③적음	__시간 __분
여가 시간 (독서, TV 시청, 쇼핑 등)	__시간 __분	①적당함 ②많음 ③적음	__시간 __분
기본적인 생활 시간 (세수, 통학, 식사 시간)	__시간 __분	①적당함 ②많음 ③적음	__시간 __분
예상되는 어려움은?	1. ____ 2. ____ 예 컴퓨터 게임을 하다 보면 나도 모르게 정해진 시간을 못 지킬 때가 많아 걱정이 됨.		
이를 위한 해결책은?	1. ____ 2. ____ 예 엄마에게 게임 끝나는 시간을 알려 달라고 부탁하기, 핸드폰으로 알람을 맞춰 놓기		
나를 위한 보상	해 주고 싶은 말: ____ 보상물: ____ ____ 예 해 주고 싶은 말은 "역시 난 한다면 하는 사람이야." 보상물은 좋아하는 간식 먹기, 코인(스티커) 받기, 엄마에게 성공했음을 알리기		

이 평가표에 따른 평가 결과를 토대로 목표 시간을 정해 보는데, 이때 중요한 것은 현실적인 목표 시간을 정하는 것이지 무리하게 정하는 것이 아니다. 만약 무리한 목표 시간을 정할 경우, 성공할 가능성은 희박해질 수 있다. 따라서 컴퓨터 게임 시간을 점진적으로 10~20분씩 줄여 나가며 그로 인해 남는 시간은 다른 활동 영역에 포함한다. 마지막으로, 설정해 놓은 목표 시간을 달성하고자 할 때 예상되는 어려움을 적어 보고, 그것을 해결하기 위한 대안도 동시에 고려해 보는 것이 목표 시간을 달성하는 데 도움이 된다. 컴퓨터 게임 시간의 목표를 달성하면 보상으로 자신에게 해 주고 싶은 의욕을 북돋는 말이나 보상물을 미리 정해 두어 동기를 높이는 것도 좋다.

세 번째 단계에서 무엇보다 중요한 원칙은 컴퓨터 게임 시간을 줄여서 성공 경험을 맛보는 것을 목표로 해야 한다는 것이며, 자가점검 노트를 따로 마련해서 정리해야만 점진적인 변화를 눈으로 확인할 수 있다는 것이다. 또한 매일 잠자기 전 10분 정도를 할애해 꾸준하게 적어도 한 달 동안 자신의 생활을 스스로 관리하고 조절해 보는 시간을 갖는 것이 게임 중독에서 탈출할 수 있는 핵심 요소다.

4) 네 번째 단계: 대안 활동을 찾아보기

오랜 기간 인터넷 게임을 과다하게 해 온 경우, 그 외의 다른 여가 활동 시간은 절대적으로 부족해지고, 인터넷 게임을 하지 않는 시간은 무료하고 의미 없게 느껴지면서 게임의 유혹을 견딜 수 없게 된다. 따라서 무조건 하고 있던 게임 시간을 줄이는 것만을 목표로 하기보다는 게임 시간을 줄임으로 인해 생기는 여가 시간을 어떻게 활용할지를 동시에 고려해 놓는 것이 중요하다. 또한 인터넷 게임 외에도 즐길 만한 활동이 다양하게 있다는 것을 인식하는 기회를 갖는 것 역시 의미가 있다.

여가 활동을 선정할 때는 자신이 흥미를 느끼고 즐거워할 수 있는 것을 선택해야 하며, 현실적으로 실현 가능한 활동인지를 꼼꼼히 따져 봐야 한다. 예를 들어, 독서라면 구체적으로 책의 제목을 정해서 독서 목록표를 작성해 보거나, 영화 보기라면 누구와 언제 무슨 영화를 볼지를 정해 두는 것도 좋다. 만일 산책을 한다면 하루 일과 중 언제, 누구와 함께, 동네의 어디를 산책 경로로 선택할지 미리 점검해 보고 그런 여가 활동을 하는 자신의 모습을 상상해 보는 것도 대안 활동을 점차 늘려 나가는 데 긍정적인 동기가 된다.

대안 활동 점검표

영 역	실행 가능한 활동 찾아보기		
집	□ 잠자기 □ 음악 감상하기 □ 일기 쓰기	□ 책 보기 □ 편지 쓰기 □ 낙서하기	□ 요리하기 □ 기타 ( )
외출	□ 영화 보기 □ 서점가기 □ 쇼핑하기	□ 산책하기 □ 외식하기 □ 친구 집 가기	□ 기타 ( )
운동	□ 줄넘기하기 □ 인라인 타기 □ 자전거 타기	□ 체육관 가기 □ 농구하기 □ 댄스	□ 기타 ( )
친구	□ 보드 게임하기 □ 전화하기 □ 함께 운동하기	□ 영화 보기 □ 함께 외출하기 □ 공부하기	□ 기타 ( )

관련 자료

• 도서

고영삼(2012). 인터넷에 빼앗긴 아이. 서울: 베가북스.

김미화, 장우민(2008). 인터넷 게임 중독에서 내 아이를 지키는 59가지 방법. 서울: 평단문화사.

이형초, 심경섭(2006). 인터넷 중독 완전정복. 서울: 시그마프레스.

• 영화

〈김씨 표류기〉(2009)

〈소셜 네트워크(원제: The Social Network)〉(2010)

참고

스마트 미디어 중독

"과학기술이 인간 사이의 소통을 뛰어넘을 그 날이 두렵다. 세상은 천치들의 세대가 될 것이다."라고 했던 아인슈타인의 명언은 스마트폰, 태블릿 PC 등 스마트 미디어에 중독된 현대인의 모습을 꼬집고 있어 새삼 화제가 되고 있다. 스마트폰이 대중화된 지는 이제 겨우 3년……, 다양한 스마트 미디어 중 매우 단시간에 이미 우리 생활 깊숙이 자리 잡은 그야말로 혁명적인 물건이다.

스마트폰은 무선 인터넷 접속이 가능한 모바일 단말기로서 음성 통화, 문자메시지 등의 전통적인 휴대전화 기능에 더해 일정 관리, 간단한 문서 작업, 이메일 작업, GPS 기능 등이 추가된 새로운 형태의 매체다.[7] 특히 소셜 네트워크 서비스(SNS: social network service) 접속을 통한 사회적 관계 형성, 일정 및 개인 정보 관리, TV 방송 시청, MP3 음악 감상, 게임, 독서 등 디지털 콘텐츠의 다양한 이

7) 김주환, 박민아(2010). 모바일 소셜미디어의 사회문화적 기능에 관한 이론적 시론. *Internet and Information Security, 1*(1), 40-54.

용이 가능하다. 이처럼 휴대폰이면서 인터넷 단말기의 특성을 동시에 가지고 있기 때문에 스마트폰의 사용은 인터넷 사용과 그 맥을 같이 하고 있으며, PC보다 휴대성이 용이하므로 상당히 편리하고 매력적이다. 그러나 이러한 편리성을 넘어 대부분의 스마트폰 사용자가 가족과의 대화 시간, 친구들과의 만남, 사랑하는 사람과의 데이트, 여행 중에도 스마트폰을 손에서 놓지 않는 기이한 현상까지 벌어지고 있다. 기록하고 공유하면서 소통하는 문화는 새로운 미디어를 발전시키지만, 한편으로는 그 행위 자체를 하지 않았을 때 불안하고 다른 일에 집중하지 못하게 하는 경우가 많다. 이러한 상태라면 이미 스마트 미디어에 중독됐다고 할 수 있겠다. 만 10세에서 49세 사이의 남녀 4600여 명을 대상으로 인터넷 중독과 스마트폰 중독 실태를 조사한 한국정보화진흥원의 자료에 따르면,[8] 스마트폰 중독률은 8.4%로 7.7%인 인터넷 중독률보다 더 높게 나타남으로써 그 위험성이 조심스럽게 제기되고 있다.

SNS 사용 실태와 문제점

실제로 사람들에게 스마트폰을 사용하는 이유에 대해 물었을 때, 대부분은 게임보다 사람들과의 소통을 꼽는다. 스마트폰 중독 실태조사에서도 스마트폰의 주 이용 서비스로 게임 활동을 꼽은 사람도 물론 있었지만 채팅과 메신저를 꼽은 사람이 80.0%로 가장 많았으

8) 전종수, 고영삼, 엄나래(2011). 2011년 인터넷 중독 실태조사. 한국정보화진흥원.

며, 스마트폰 중독자의 스마트폰 주이용 목적 또한 채팅과 메신저로 나타났다. 즉, 스마트폰 이용 시 '페이스북', '트위터', '카카오톡'과 같은 SNS의 사용이 가장 큰 부분을 차지하고 있다. 대부분의 사람들은 누군가와 마음을 나누고 싶어 하고 친구 및 동료와의 교감을 추구하고자 하는데, SNS는 직접적인 만남을 통하지 않고도 무선 인터넷 접속을 통해 실시간으로 대화를 주고받을 수 있으며, 자신의 생각과 느낌에 대해 다수로부터 즉각적인 반응을 얻을 수 있어 다른 사람과 늘 연결된 느낌을 갖게 한다. 따라서 SNS 사용자는 오프라인에서보다 가상 세계에서 사람들을 만나고 상호작용할 때 시간과 노력을 더 많이 절약하면서 대인 상호작용의 즐거움을 경험할 수 있고, 사람들과의 상호작용을 이어 갈 수 있는 것이다. 이러한 SNS의 특성과 함께 스마트폰의 특성인 동시성, 간편성, 이동성, 실시간성이 합쳐져 언제 어디서나 사람들과 연결되어 있다고 느끼게 되고, 사회적 지지망을 공고히 해 나갈 수 있으며, 개인적인 만족감을 충족하게 된다. 그러나 지나친 사용으로 인한 부작용 역시 간과할 수 없다.

첫째, SNS 상의 친구가 많아지면 인맥 관리를 위해 SNS에 투자해야 하는 시간이 늘어날 수밖에 없다. 따라서 지나치게 SNS에 몰두하게 되고, 심할 경우 가상 세계에서의 관계 중독에까지 이를 수 있다. 또한 역설적이게도 오프라인에서 기존의 인간관계를 유지해 온 형식보다 SNS를 통해서 맺어지는 사람들과의 관계를 더 중요시하게 되면서 정작 가족과 친구, 직장 동료 등 가까운 주변인들과의 상호작용은 소원해지고, 스스로 이들 집단에서 소외되는 현상이 발생할 가능성이 높다. 이는 사람들과의 관계 형성 및 유지 목적으로 사용하는 SNS의 양면성이라고 볼 수 있다.

둘째, SNS를 과다 사용할 경우 우선 신체적으로 시력이 저하되고 수면 부족 현상으로 신체 피로감이 높아지게 된다. 스마트폰을 켜는 순간에야 비로소 마음이 놓이고, 최신 뉴스에 민감하게 반응하며, 조금 전에 확인했는데도 또다시 SNS를 사용하는 등 정신적 피로감이나 일상생활에서의 부작용을 일으키는데, 이를 '정보피로 증후군'이라 한다. 이 증상이 육체적인 스트레스와 겹치면 분별능력 마비, 불안감, 자기 회의감, 책임 전가 등의 형태로 악화될 수 있다.[9] 여기서 끝이 아니라 그러한 증상들로 인해 이차적으로 학업 성적이나 업무 효율성이 저하되는 것은 물론, 다른 활동에 대한 흥미 역시 떨어질 가능성이 높다.

셋째, SNS 이용을 통해 개인 정보가 유출될 위험이 높다는 점과 초 · 중 · 고등학생을 비롯한 젊은 세대가 문자 메시지 및 SNS를 사용하면서 언어 축약 혹은 한글 파괴 현상을 심각하게 경험한다는 점 또한 SNS의 지나친 사용에서 파생되는 사회적 문제라고 볼 수 있다.

9) 국민일보(2011. 9. 23.). "잠시라도 트위터 안하면 불안해, 우울해"…SNS 시대의 그늘 '정보피로 증후군'.

스마트폰 중독 예방 가이드

스마트폰은 현대사회에 획기적인 변화를 일으키고 사람들의 생활 편의를 증진하는 데 가장 크게 일조했다고 해도 과언이 아니다. 이미 스마트폰은 우리의 일상생활 속에서 사용하지 않을 수 없는 기기가 되었다. 그렇기 때문에 스마트폰에 중독된 후에 그것에서 벗어나기 위해 스마트폰 사용을 금지하는 것 자체가 불가능할 뿐만 아니라 그것을 치료하는 것도 매우 어렵다. 따라서 스마트폰의 올바른 사용이 선행되어 중독으로 발전하지 않도록 미연에 방지하는 것이 더 효율적이고 중요하다고 할 수 있다. 따라서 다음과 같은 예방적인 차원에서의 스마트폰 사용 환경 조성이 필요하겠다.

스마트폰 중독 예방 가이드*

1. 자신의 눈앞에, 자신의 손안에 항상 스마트 미디어가 있나요? 눈앞에 있는 스마트 미디어를 종이 한 장으로 살짝 가려 두는 것만으로도 불필요한 습관적 사용을 줄일 수 있습니다.
2. 운전 중 스마트 미디어(스마트폰, 스마트패드) 사용은 절대 금지입니다.
3. 정기적으로 스마트 미디어 사용 습관을 점검합니다.
4. 스마트 미디어를 무심결에 사용하기 전에 무엇을 하려고 했는지 다시 한 번 생각해 봅니다.
5. 애플리케이션은 꼭 필요한 것만 내려받습니다.

6. 채팅이나 메신저로 온 메시지에 바로바로 답장하지 않아도 됩니다.
7. 자신이 스마트 미디어 중독이 아닐까에 대해 의심되면 검사를 받습니다.

스마트 미디어를 사용하지 않는
나만의 프리존(Free-Zone)을 만듭시다.

* 인터넷중독대응센터(www.iapc.or.kr) → 종합정보 → 중독 예방 가이드 → 스마트 미디어 중독.

스마트폰 중독 자가 점검 척도

다음은 스마트폰 중독 정도를 알아볼 수 있는 자가 점검 질문지다. 각 문항을 읽고 응답한 후, 전체 점수를 합산하여 자신의 상태를 점검해 보자.[10)]

문 항	전혀 그렇지 않다	때때로 그렇다	자주 그렇다	항상 그렇다
1. 스마트폰의 지나친 사용으로 학교 성적이나 업무 능률이 떨어진다.	1	2	3	4
2. 스마트폰을 사용하지 못하면 온 세상을 잃을 것 같은 생각이 든다.	1	2	3	4

10) 신광우 외(2011). 스마트폰 중독 진단척도 개발 연구. 한국정보화진흥원.

3. 스마트폰을 사용할 때 '그만해야지.'라고 생각은 하면서도 계속 한다.	1	2	3	4
4. 스마트폰이 없어도 불안하지 않다.	4	3	2	1
5. 수시로 스마트폰을 사용하다가 지적을 받은 적이 있다.	1	2	3	4
6. 가족이나 친구들과 함께 있는 것보다 스마트폰을 사용하고 있는 것이 더 즐겁다.	1	2	3	4
7. 스마트폰 사용 시간을 줄이려고 해 보지만 실패한다.	1	2	3	4
8. 스마트폰을 사용할 수 없게 된다면 견디기 힘들 것이다.	1	2	3	4
9. 스마트폰을 자주 또는 오래 한다고 가족이나 친구들에게 불평을 들은 적이 있다.	1	2	3	4
10. 스마트폰 사용에 많은 시간을 보내지 않는다.	4	3	2	1
11. 스마트폰이 옆에 없으면 하루 종일 일(또는 공부)이 손에 잡히지 않는다.	1	2	3	4
12. 스마트폰을 사용하느라 지금 하고 있는 일(공부)에 집중하지 못한 적이 있다.	1	2	3	4
13. 스마트폰 사용에 많은 시간을 보내는 것이 습관화되었다.	1	2	3	4
14. 스마트폰이 없으면 안절부절 못하고 초조해진다.	1	2	3	4
15. 스마트폰 사용이 지금 하고 있는 일(공부)에 방해가 되지 않는다.	4	3	2	1
총 점	/60			

총점	상태	해석
39점 이하	일반 사용자	대부분이 스마트폰 중독 문제가 없다고 느낀다. 심리적 정서문제나 성격적 특성에서도 특이한 문제를 보이지 않으며, 자기행동을 잘 관리한다고 생각한다. 주변 사람들과의 대인관계에서도 스스로 충분한 지원을 얻을 수 있다고 느끼며, 심각한 외로움이나 곤란을 느끼지 않는다. 하지만 스마트폰의 건전한 활용에 대해 지속적인 자기점검은 필요하다.
40~43점	잠재적 위험 사용자	고위험 사용자군에 비해 경미한 수준이지만 일상생활에서 장애를 보이며, 필요 이상으로 스마트폰 사용 시간이 늘어나고 집착을 하게 된다. 학업과 업무 등에 어려움이 나타날 수 있으며, 심리적 불안정감을 보이지만 절반 정도는 자신이 아무 문제가 없다고 느낀다. 다분히 계획적이지 못하고 자기 조절에 어려움을 보이며 자신감도 낮아진다. 스마트폰 과다 사용의 위험을 깨닫고 스마트폰 중독 행동을 주의해야 하며, 예방프로그램에 참여하려는 노력이 필요하다.
44점 이상	고위험 사용자	스마트폰 사용으로 인해 일상생활에서 심각한 장애를 보이면서 내성 및 금단증상이 나타난다. 스마트폰으로 이루어지는 대인관계가 대부분이며, 비도덕적 행위와 막연한 긍정적 기대가 있고 특정 애플리케이션이나 기능에 집착하기도 한다. 현실 생활에서도 습관적으로 스마트폰을 사용하며, 인터넷 없이는 한 순간도 견디기 힘들다고 느낀다. 따라서 스마트폰 사용으로 인해 학업이나 대인관계를 제대로 수행할 수 없으며, 자신이 스마트폰 중독이라고 느낀다. 또한 심리적으로 불안정감 및 대인관계 곤란, 우울한 기분 등을 흔하게 경험하며, 성격적으로 자기 조절에 심각한 어려움을 보이고, 무계획적인 충동성도 높은 편이다. 현실 세계에서 사회적 관계에 문제가 있고 외로움을 느끼는 경우도 많다. 전문적인 치료와 상담이 필요하니 도움을 받아 보도록 해야 한다.

8 니코틴 중독

흡연자라면 누구든 한두 번씩 금연을 결심하고 그것에 도전하지만 항상 '작심삼일'임을 느낄 것이다. '담배 피울 때마다 암 덩어리'라는 섬뜩한 금연 광고나 담배 속의 성분을 알려 주는 사진들, 점차 늘어나는 금연 구역과 범칙금만 봐도 니코틴 중독은 자기 자신뿐 아니라 주변의 모든 사람에게 해가 되는 행동이라는 것을 알 수 있다. 우리는 주변에서 그러한 금연 광고나 담배의 해로운 성분에 관한 사진을 흔히 볼 수 있지만 그것은 자신과는 상관이 없는 별개의 것이며, 자신에게는 해당하지 않을 것이라고 생각한다.

대부분의 사람은 니코틴 중독이 마약중독이나 알코올 중독처럼 그리 심각한 약물중독은 아니라고 생각한다. 왜냐하면, 니코틴 중독은 폭력이나 폭언 등의 행동 문제 역시 나타나지 않고, 환각이나 치매 등의 인지적인 손상이나 정신과적 문제 역시 나타나지 않으며, 일상생활에도 크게 영향을 미치지 않을 뿐 아니라 폐쇄 병동에 입원해야 할 정도로 크게 정신과적인 도움을 필요로 하지도 않기 때문이다. 그렇기 때문에 사람들은 더욱 니코틴 중독을 심각하게 생각하지 않으며, 다른 약물중독처럼 굳이 치료를 해야 한다거나 끊어야 한다는 결심을 하지 않는다.

흔히 우리가 식사 후에 습관처럼 커피 한 잔을 마시는 것처럼 식사 후에 담배 한 대를 피우는 것은 하나의 습관이나 기호식품을 섭취하는 것처럼 가볍게 생각되기 쉽다. 하지만 니코틴 중독은 엄연히 하나의 약물중독이고, 다른 약물중독과 일관되게 심각한 질병을 야기할 수 있으며, 중독이라고 불릴 정도의 금단증상이나 내성을 생기게 한다. 따라서 스스로 금연을 하는 것은 상당히 어려워지며, 결국 포기하고 다시 담배를 피우게 되는 경우가 많다.

세계보건기구(WHO)의 흡연 실태 보고서(2012)[1]에서는 담배가 매년 600만 명의 생명을 앗아간다고 하고, 60만 명 이상의 비흡연자도 간접흡연에 의해 생명을 잃는다고 보고하고 있다. 또 긴급한 조치를 취하지 않는다면 매년 사망자는 계속 증가하여 2030년엔 흡연으로 인한 사망자의 수가 한 해 800만 명이 넘을 것이라고 보고하고 있다.

이렇게 해로운 흡연을 왜 계속하는 것일까? 많은 사람이 흡연이 해롭다는 사실을 알면서도 끊기 어려워하는 이유는 무엇일까? 많은 흡연자가 금연에 실패하는 가장 큰 원인은 본인의 의지도 있지만 금연에 대한 강한 의지를 꺾을 만큼 흡연에 대한 욕구를 제어하기 힘들게 만드는 니코틴 중독에 있다. 장기간 담배를 피우다가 도저

1) 세계보건기구(2012. 5. 3.). 흡연 실태 보고서. 세계보건기구 국제암연구소.

히 끊을 수 없게 되는 것은 정신의학적으로 정신적 · 신체적 의존이 생겼기 때문이다. 이는 술을 오래 마시다 보면 알코올에 중독되고, 마약을 자주 하다 보면 마약 중독이 되는 원리와 똑같은 것이다. 즉, 담배, 술, 마약은 모두 습관성 중독을 일으키는 물질 또는 약물이다. 이러한 현상을 정신의학에서는 물질 남용 또는 약물 남용이라고 한다. 따라서 습관성 흡연은 물질 남용에 해당한다. 그러므로 당연히 담배를 끊는 것은 술을 끊는 것이나 마약을 끊는 것만큼 어려워지는 것이다.

올해 40세인 L씨는 벌써 20년째 하루 한 갑씩 흡연을 하고 있다. 그는 최근 50세가 된 형님이 폐암 선고를 받은 후 투병 중인 것을 보고 담배를 끊어야겠다고 다짐했다. 그러나 패치도 붙여 보고 각종 보조제도 사용해 봤지만 금연은 생각처럼 쉽게 되지 않았다. 금연을 하기로 마음먹은 후 일주일도 되지 않아서 계속 담배를 피우고 싶다는 생각에 잠을 못 잘 때도 있었고 불규칙한 수면 습관도 나타났다. 또한 두통도 생기고 체중도 불어나 '담배를 피운다고 다 폐암에 걸리는 것도 아닌데, 요즘은 교통사고로도 많이 죽는다는데 내가 조금 더 오래 살겠다고 이렇게 구차해야 하나.'라는 생각을 하게 되어 금연을 한 지 2주일만에 다시 담배를 피우기로 마음먹었다.

1. 니코틴 중독이란

니코틴 중독이란 단순한 흡연이라기보다는 심한 생리적 의존 상태를 의미한다. 니코틴은 담배의 성분 중 유일한 정신 활성 물질로서 기억력, 주의력, 수행 능력에 관여하여 스트레스 반응을 조절하고 정서를 안정시키는 데 영향을 미친다. 또한 쾌락-보상 행동과 함께 대부분의 중독성 약물처럼 내성 및 금단증상을 일으킨다. 정신과 진단에서 사용하는 기준인 정신장애 진단 및 통계편람(DSM-Ⅳ-TR)에서는 '내성의 출현, 금단증상, 예상보다 더 오랜 기간의 사용, 여러 번의 금연 실패, 약물 사용으로 인한 활동의 포기나 감소, 건강이나 개인적인 해악이 있음에도 계속된 사용 중 3개 이상의 의존 증상이 나타날 때' 니코틴 의존으로 진단한다. 세계보건기구에서 제정한 국제질병분류 10판(ICD-10)에서도 니코틴 의존을 담배로 인한 정신적 · 행동적 장애로 진단하고 있다. 이처럼 니코틴 의존은 단순히 개인의 선호나 취약의 문제가 아니라 정신과적 장애의 하나인 물질 관련 장애로 간주되고 있다.

흡연 과정은 그것을 반복적으로 하고 싶게 만드는 강한 충동을 일으키며, 심리적으로 기분을 들뜨게 하고 다른 여러 가지 중독성 약물을 사용하게 하는 강력한 조건을 만들어 준다. 따라서 세계보건기구와 미국 의사 협회 및 미국 정신과 의사 협회는 담배를 중독 약물로 규정하고 있다.

2. 니코틴 중독에 빠지면

1) 담배에 계속 집착한다

수십 년간 단주를 했거나 금연했던 사람도 어느 순간에 조절할 수 없는 갈망에 사로잡혀 중독 증상이 재발할 수 있다. 니코틴 의존의 경우에도 담배에 대한 갈망은 니코틴 의존자로 하여금 그것을 안 피울 때 예상되는 불쾌감이 흡연을 하도록 유도한다. 즉, 예전에 흡연 시 쾌감과 함께 금단증상이 사라졌던 경험이 담배에 대한 갈망을 유발한다는 것이다.

2) 흡연량이 점차 증가한다

내성이란 의존성 물질을 동일한 용량으로 반복해서 복용했을 때, 그 효과가 점차 감소하여 더 많은 용량을 복용해야만 같은 효과를 낼 수 있게 되는 현상을 말한다. 그리고 그렇게 해서 의존성 물질을 많은 양 복용하는 경우에는 뇌를 제외한 다른 신체 기관에 치명적인 독성을 일으킬 수 있다. 예를 들어, 담배에 대한 내성이 생겨 흡연량이 지속적으로 증가하는 경우, 심장, 폐, 간 등 다른 신체 기관에서 용량 증가에 따른 독성이 일어날 수 있다.

3) 금연했을 때 매우 힘들다

물질 투여를 중지한 후에 체내에서 물질의 농도가 감소할 때 보이는 증상을 금단이라고 하며, 이는 한 개인이 물질에 대해 신체적 의존 상태에 있다는 것을 의미한다. 니코틴의 금단증상은 마지막 담배를 피운지 2시간 이내에 발생하여 첫 24~48시간 사이 최고조에 이루고 수주 또는 수개월 간 지속될 수 있다. 흔한 금단증상으로는 니코틴에 대한 강력한 갈망, 긴장, 과민성, 집중력 곤란, 졸림, 수면장애, 맥박 및 혈압 하강, 식욕과 체중 증가, 운동 수행 능력의 감소 및 근긴장도의 증가 등이 있다. 이러한 니코틴 금단증상은 니코틴 함량이 더 낮은 담배로 바꿀 때도 약하게나마 나타난다.

4) 흡연은 다양한 신체적 질병을 유발한다

흡연은 폐암의 가장 심각한 원인이라는 사실이 과학적으로 규명된 바 있다. 즉, 남자의 경우 90%에서, 여자의 경우 80%에서 흡연이 폐암의 원인이 된다고 밝혀져 있다. 또한 흡연은 폐기종, 후두암, 신장암, 방광암, 심혈관 질환, 뇌혈관 질환, 지주막 출혈, 불면증, 위궤양, 발기 부전 등 다양한 신체적 질병의 원인이 되기도 한다.

5) 흡연은 여성에게 상당히 부정적인 영향을 준다

흡연은 불임증의 원인이 되는 것은 물론이고, 주의력결핍 과잉행동장애 및 품행장애 아동을 출산할 확률을 높이며, 태아의 발육에 필요한 산소를 충분히 공급되지 못하게 하여 태아가 저산소증에 걸릴 확률 또한 높인다. 흔히 흡연은 여성에게 식욕 감퇴를 일으켜 다이어트에 도움이 된다고 생각하지만 날씬해지는 것은 아니며, 오히려 복부에 체지방을 많이 분포하게 만들어 몸 관리에 나쁜 영향을 준다. 또한 임신 중 흡연한 여성은 비흡연 여성에 비해 유산할 위험이 높고, 폐경기를 2년 정도 앞당기며, 골다공증이 생길 가능성도 높인다.

6) 청소년에게 있어서 흡연은 성인에 비해 더욱 부정적인 영향을 미친다

흔히 청소년에게 있어서 흡연은 빨리 성인이 되려는 사회적 자기 성장의 욕구 및 어른을 모방하고 싶은 욕구의 표현이며, 기분 좋게 내뿜는 담배 연기에 대한 막연하고 유혹적인 호기심과 청소년 흡연을 금지하는 기성사회에 대한 반항 심리에서 비롯한다고 한다. 즉, 청소년의 흡연은 사회적 집단으로부터의 지지와 성인에 대한 모방 심리에 기인하는 영향이 상당히 크다.

청소년이 흡연을 하면 기관지가 손상되어 기침을 많이 하고 가래를 많이 배출한다. 또한 감기에도 잘 걸리며 그 외의 다양한 질병에 걸릴 가능성도 높다. 성숙하지 않은 폐는 흡연에 의해 기능이 약해져 쉽게 숨이 차고 운동을 잘할 수 없게 되며, 지구력이 떨어지고 얼굴에 주름이 빨리, 또 많이 생긴다. 한편, 정서적으로는 불안하고 신경질적이 되며, 우울해하고 위험한 행동을 할 가능성도 높다. 더불어 뇌를 비롯한 모든 장기에 산소 결핍(저산소증)을 초래하여 두뇌 활동에 좋지 않은 영향을 끼침으로써 사고 능력과 의욕도 감퇴시킨다. 또한 쉽게 피로하고 발육이 저하되며, 뼛속의 칼슘이 빠져나가 칼슘 결핍 증상이 나타나기도 한다. 심장병과 뇌졸중의 초기증상인 동맥경화증 역시 쉽게 발생하고, 폐암, 신장암, 방광암, 췌장암, 위암, 자궁경부암 등 각종 암의 직접적인 원인이 되어 육체적 건강에 결정적인 해를 끼칠 수도 있다. 무엇보다 니코틴 의존도는 흡연을 일찍 시작할수록 더 높아지며, 특히 청소년 시기에 흡연할 경우 더 쉽게 니코틴에 중독되므로 더욱 심각한 문제를 유발할 수 있다.

3. 나는 니코틴 중독일까

다음은 금연 치료의 세계적 권위자인 스웨덴의 칼 파거스트롬 박사가 개발한 자가 점검표다. 이 자가 검사법은 흡연자가 니코틴 의존도를 손쉽게 판단할 수 있게 하는 방법이다.[2)]

니코틴 의존도 자가 점검표

1. 하루에 보통 몇 개비나 피우는가?
   - 10개비 이하(0점)
   - 11~20개비(1점)
   - 21~30개비(2점)
   - 31개비 이상(3점)

2. 아침에 일어나서 얼마만에 첫 담배를 피우는가?
   - 5분 이내(3점)
   - 6~30분 사이(2점)
   - 31~60분 사이(1점)
   - 61분 이후(0점)

2) 성상경, 장경희(2002). **계요병원 금연 치료프로그램**. 의왕: 계요병원 알코올약물중독치료센터.

3. 금연 구역에서 담배를 참기 어려운가?

- 예(1점)
- 아니요(0점)

4. 하루 중 담배 맛이 가장 좋은 때는 언제인가?

- 아침에 처음 피우는 담배(1점)
- 그 외의 시간에 피우는 담배(0점)

5. 오후와 저녁 시간보다 오전 중에 담배를 더 자주 피우는가?

- 예(1점)
- 아니요(0점)

6. 몸이 아파 종일 누워 있을 때도 담배를 피우는가?

- 예(1점)
- 아니요(0점)

• **평 가**

<table>
<tr><th>총점</th><th>상태</th><th>해석</th></tr>
<tr><td>0~2점</td><td>매우 낮은 니코틴 의존도</td><td rowspan="2">니코틴 의존도가 낮은 상태로 의존도가 높아지기 전에 금연을 시도해야 함.</td></tr>
<tr><td>3~4점</td><td>낮은 니코틴 의존도</td></tr>
<tr><td>5점</td><td>중간 정도의 니코틴 의존도</td><td>곧 금연을 시도하지 않으면 니코틴 의존도가 높아져서 심각한 중독 상태로 발전할 수 있음.</td></tr>
<tr><td>6~7점</td><td>높은 니코틴 의존도</td><td rowspan="2">자신의 흡연량을 스스로 조절할 수 없으므로 니코틴 중독 치료에 유효한 금연치료제 처방이나 니코틴 대체재 사용에 대해 의사와 논의할 필요가 있음.</td></tr>
<tr><td>8~10점</td><td>매우 높은 니코틴 의존도</td></tr>
</table>

채 박사와 함께하는 니코틴 중독 스스로 극복하기

1) 첫 번째 단계: 금연을 위한 준비하기

(1) 금연 결심 카드를 작성한다

금연을 시작하기에 앞서서 '금연 결심 카드'에 금연을 해야 하는 이유에 대해 구체적으로 열거하며 기록해 본다. 최대한 많이 기록하는 것이 자신의 금연에 대한 동기와 욕구 및 의지를 높일 수 있다. 또한 이러한 과정을 통해 금연에 대해서 더 깊이 생각하고 결심을 다지는 시간을 가질 수 있다.

금연 결심 카드

내가 금연해야 하는 이유
1. ⓔ 내가 금연을 해야 하는 이유는 앞으로 태어날 아이와 가족의 건강을 위해서다.
2.
3.
4.

(2) 금연 시작일을 정한다

자신이 정한 금연 시작일에 대해 미리 주변 사람들에게 최대한 많이 알리고 공지한다. 그러면 자신이 말한 것에 대한 어느 정도의 책임감과 의무감이 생길 것이다. 또한 친구나 직장 동료, 배우자에게 함께 금연할 것을 권하여 가능하면 금연 친구를 만든다. 혹은 그들에게 금연하는 사실을 알리고 협조를 구하며, 오늘부터 완전히 담배를 끊는다는 것을 다시 확인시킬 수도 있다. 자신이 정한 금연 시작일에는 아침 일찍 일어나자마자 니코틴 패치를 붙이는 것이 좋다.

(3) 금연 서약서를 작성하여 가족과 동료들에게 공표한다

자신이 작성한 금연 서약서를 눈에 띄는 곳에 붙여 두거나 코팅하여 항상 몸에 지니고 다니면서 꺼내 볼 수 있도록 하는 것도 좋다.

금연 서약서

나 __________은(는) 20 년 월 일부터

다음과 같은 이유로 금연할 것을 서약합니다.

1. ______________________________

2. ______________________________

나는 앞으로 나와 주변 사람들의 몸과 마음을 더럽히는

담배를 피우지 않을 것을 나 자신과 친구, 가족에게 서약합니다.

20 년 월 일

금연 서약자: ______________(인)

증인: 금연 지지자(가족) ____________(인)

(친구) ____________(인)

(4) 흡연 기록지를 매일 작성하여 자신의 평소 흡연 습관을 구체적으로 살펴본다

흡연을 언제 했는지, 누구와 어디서 했는지, 흡연 욕구의 수준은 어느 정도인지를 매일 기술하고, 흡연 후의 기분을 평가하여 현재까지의 자기 관찰을 통한 앞으로의 구체적인 방안을 모색한다. 하루 동안의 흡연 빈도와 자신이 피운 담배 개수 등도 구체적으로 기록하여 자신의 흡연 습관을 파악해 보자. 이는 이제까지의 자신의 흡연 습관을 알아보고, 스스로를 평가할 수 있는 계기가 될 것이다.

흡연 기록지

년 월 일

흡연	날짜/시간	장소 및 상황	흡연 욕구	흡연 후 느낌		
			0~100%	좋음	중간	나쁨
1	아침 6시	㉥ 기상해서	60%		○	
2	아침 7시	㉥ 화장실에서	90%		○	

3	오후 2시	예) 식사 후 동료들과 대화 중에	70%	○		
4	저녁 7시	예) 친구들과 술을 마시며	90%	○		
5						
6						
7						
8						

2) 두 번째 단계: 금연 시작 시기를 결정하고 실행에 옮기기

금연을 시작하면 첫 2~3일 동안은 니코틴 금단증상이 가장 심하게 나타난다. 불안, 두통, 주의력 산만, 안절부절, 불면증, 심한 흡연 욕구, 손 떨림 등 다양한 금단증상이 나타날 것이다. 하지만 첫 주만 잘 지낸다면 그 다음부터는 훨씬 지내기가 쉬워질 수 있다.

(1) 단번에 금연하는 것이 좋다

담배와 라이터를 버리고 재떨이도 치운다. 금연하기로 마음먹었을 때는 흡연량을 서서히 줄이는 것보다 단번에 끊는 것이 좋다.

(2) 담배를 피우고 싶은 욕구가 생기는 것을 최대한 차단한다

가능한 한 흡연이 금지된 공공장소에서 시간을 보낸다. 이는 '회피 혹은 도피' 반응으로, 촉발 사건을 단순하게 회피하는 것이 가장 좋은 약이 될 수 있다. 즉, 흡연 욕구를 유발할 수 있는 상황을 통제하는 것이다. 회피 혹은 도피를 하는 것이 오래 지속되는 영구적인 해결책은 아니지만 흡연 욕구를 일시적으로 차단함으로써 더 건강한 해결책이 될 수도 있다. 또한 이러한 일시적 회피 혹은 도피는 다른 대처 방법을 생각할 수 있는 기회를 제공한다. 앞의 '흡연 기록지'에 기록한 결과에서 나타난 자기 관찰 내용을 통해 자신이 흡연을 즐기던 시간과 장소를 피할 수 있다. 식사 후 바로 양치질을 한 다음, 자리에 앉아 있지 말고 밖에 나가서 15~20분간 산책을 한다. 또한 하루에 물을 8~10컵 정도 마시고 샤워를 자주 하여 니코틴의 배출을 돕는다.

(3) 담배 구입비를 절약할 때 얻을 수 있는 비용을 계산해 본다

자신이나 다른 사람을 위해 구매하고 싶은 것의 목록을 적어 본다. 그리고 담배 구입비를 계산한 후, 원하는 것을 사기 위해 그만큼의 비용을 저축한다.

(4) 자동적 사고를 반박해 본다

흡연과 관련하여 자동적으로 떠오르는 생각이 있을 것이다. 그러한 자동적 사고는 흔히 스쳐가는 것이지만 대부분 비합리적인 것이어서, 그것으로 인해 더욱 흡연에 대한 생각이 확고해지며 금연을 하는 것이 힘들어진다. 그러므로 흡연과 관련한 자신의 자동적 사고를 찾아내고 그러한 왜곡된 사고를 반박해 보도록 하자.

자동적 사고 반박하기

자동적 사고	반박하기
예) 일 때문에 스트레스가 많아서 금연하기 힘들다.	예) 스트레스를 해소하는 방법은 흡연 말고도 있다.
예) 담배를 피우면 스트레스가 해소된다.	예) 담배를 피우면 우리의 신체는 더욱 큰 스트레스를 경험한다.
예) 나중에 끊으면 된다.	예) 흡연량이 많아지면 더 끊기 힘들 것이다.
예) 난 흡연량이 적어서 문제될 것이 없다.	예) 적은 양이어도 질병에 걸릴 위험이 높아 몸에 해로울 것이다.
예) 순한 담배를 피우면 괜찮다.	예) 순한 담배도 해로운 것은 마찬가지일 것이다.
예) 옆집 할아버지는 평생 흡연을 하셨지만 90세까지 사셨다.	예) 다 개인차가 있을 것이다.
예) 난 의지가 약해서 안 된다.	예) 이번만은 다르다는 것을 보여 줄 것이다.
예) 난 나이가 많아서 금연하기 이미 늦었다.	예) 지금부터도 늦지 않았다.
예) (청소년의 경우) 담배를 피우는 것은 멋있다.	예) 다른 사람들에게 보이는 나보다 내 자신과 내 건강이 더 소중하다.
예) 금연하면 금단증상으로 인해 힘들 것이다.	예) 한 번의 금단증상을 이겨내면 다시 금단증상을 겪지 않을 것이다.

3) 세 번째 단계: 금연을 계속 유지하기

금연은 3개월만 유지하면 일단 성공한 것으로 볼 수 있다. 그러나 니코틴에 대한 갈망은 상당히 오래가기 때문에 항상 조심해야 한다.

- 금연을 하는 이유와 목적을 적은 기록을 다시금 읽는다. 하루에도 몇 차례씩 읽고, 특별히 흡연 욕구가 강할 때 읽어 본다.
- 흡연 유혹이 생기게 하는 장소나 환경을 피한다. 흡연하는 사람들을 피하고 흡연하지 않는 사람들과 가까이 한다. 또한 술자리에 가기 전에 미리 동료나 친구들에게 금연 사실을 알리고 도움을 요청한다. 술과 흡연은 바늘과 실 같다. 술을 마시면 반드시 흡연에 대한 갈망도 나타나므로 술 또한 자제하는 것이 필요하다.
- 흡연하는 대신 새로운 습관을 기른다. 즉, 물을 마신다든지 당근이나 미역을 먹는다든지, 무가당 껌을 씹는다든지 심호흡, 운동 등을 계속한다.
- 금연에 성공하고 있는 자신을 축하하고 자신에게 보상한다. 자신에게 선물을 하거나 영화 또는 음악회 등에 가는 것으로 스스로에게 만족감을 줄 수 있다. 금연을 하는 동안에는 이러한 자신에 대한 보상뿐 아니라 주변 친구들이나 가족을 통한 지지와 격려도 상당히 많이 필요하다.
- 다양한 대처 전략을 구체적으로 세운다. 흡연자는 스트레스를 경험할 때 다양한 대처 능력을 발휘하지 못하기 때문에 그러한 상황에서 대부분 흡연을 한다. 이제는 스트레스 상황을 단지 흡연을 통해 해소하는 것이 아니라 다양한 대처 전략을 개발하여 실행함으로써 해소해 보도록 하자. 또한 금단증상이 나타날 경우 어떻게 대처할 것인지에 대해서도 생각하고 실천해 보자. 그동안은 스트레스 상황에서 습관적으로 담배에 의지했기 때문에 담배를 피우지 못하면 어려움을 겪는 것이다. 그러나 흡

연 자체는 스트레스를 해소하는 데 도움을 주지 못한다. 실제로도 흡연을 함으로써 받는 스트레스가 금단증상에 의한 스트레스보다 크다고 한다. 다음의 활동지를 이용하여 일상생활에서 직면하는 스트레스에 대한 다양한 대처 전략을 생각하고 실천해 보도록 하자.

금단증상과 스트레스 상황에서의 대처 전략

	날짜	금단증상/스트레스 상황	대처 전략
1		예) 회사 일로 우울하다.	예) 가까운 사람과 통화를 한다.
2		예) 졸리다.	예) 심호흡을 천천히 10회 한다.
3		예) 긴장된다.	
4		예) 집중력이 떨어진다.	
5		예) 공허하다.	
6			
7			
8			
9			
10			

- 다시 담배를 피우더라도 완전한 실패로 생각하면 안 된다. 금연을 하다가 혹시 담배를 한두 개비 정도 피웠다 하더라도 완전히 실패한 것은 아니다. 금연에 성공한 많은 사람이 그러한 실수 후에 다시 도전하여 성공한다. 그러므로 그 실수의 원인을 분석하고

새로운 결심으로 다시 금연하도록 한다.

- **금연 후 몸의 변화를 긍정적으로 받아들인다.** 금연을 하면서 졸리거나 짜증스러울 때도 있을 것이고 두통이 생기는 경우도 있을 것이다. 조금 나른해지는 것은 몸속에 있던 니코틴이 사라지는 과정에 있기 때문이며, 따라서 이 과정 자체가 바로 건강을 향한 치유 과정이 된다. 가끔 두통이 사라지는 데 몇 주가 걸릴 수도 있지만, 그러한 과정이 앞으로 자신의 건강을 회복하는 데 긍정적인 변화가 될 것임을 인식하고 받아들여 보자. 또한 그럴 때는 물을 많이 마시고 가벼운 운동을 하는 것도 도움이 되며, 따뜻한 물로 목욕이나 샤워를 하는 것도 좋다.
- **우울한 감정은 담배로 해결되지 않음을 명심한다.** 금연 후에 우울해지는 경우도 흔하게 나타난다. 하지만 다시 담배를 피운다고 해서 그러한 감정이 사라지는 것은 아니며, 오히려 좌절감과 죄책감으로 더 우울해질 수 있다. 그럴 때는 가족이나 친구들에게 전화를 걸어 우울한 기분을 털어놓는 것이 좋다.
- **매일 금연 일기를 작성한다.** 금연을 하면서 매일 자신의 금연에 대한 결심을 격려하고 흡연을 통한 손실을 각성하는 시간을 갖는다. 즉, 흡연을 하면서 경험하는 손실과 금연을 했을 때의 이득을 되새기고, 매일의 결심을 통해서 현재의 자기 자신을 격려하며, 금연을 하면서 느끼는 기분의 변화 등에 대해 구체적으로 기록해 보도록 한다.

금연 일기

날짜:　　　년　　　월　　　일 / 오늘은 금연　　　　일 째다.
흡연 욕구 0%　　　50%　　　100% 중에　　　%가 있었다.
흡연을 하면서 나에게는 이런 손실이 있었다. 1. 2. 3.
금연을 하면서 나에게는 이런 이득이 있었다. 1. 2. 3.
일기: (흡연을 하면서 경험하는 나의 일상적인 변화와 감정에 대한 일기를 써 보자.)

그 밖에도 금연을 할 때는 니코틴 껌과 니코틴 패치, 비강 분무제 등의 약물 치료를 병행하는 것이 도움이 된다. 또한 이와 같은 개인적인 의지로 치료가 어려울 경우에는 가까운 보건소나 정신과를 내원하여 상담을 받고 전문가의 조언과 도움을 받는 것이 반드시 필요하다.

흔히 성격 이론에서는 니코틴 중독자를 구순기적 상태에서 인격발달이 정지해 있는 사람이라고 본다. 즉, 그들을 어린아이처럼 미숙하여 '즉각적 만족'을 추구하는 존재로 보고한다. 이와 같이 약물 남용자는 오로지 약물을 '먹음'으로써, 담배의 경우에는 입으로 연기를 '흡입'함으로써 즉각적인 만족을 얻으려 한다. 약물이 어머니와 같은 의존 대상이 되는 것이다. 다시 말해 남용자의 심적 상태는 어머니에게 절대 의존하고 있는 유아기 수준에 머물러 있다고 할 수 있다.[3] 그러므로 중독자는 즉각적인 쾌락과 만족을 추구하는 유아기적인 욕구에서 벗어나, 자신의 행동에 대한 책임과 자기 통제력을 기르고, 즉각적인 만족을 지연시키며, 바람직하지 않은 행동은 통제하고자 노력해야 한다. 또한 스트레스 상황에서 다양한 대처 전략을 생각하고 실행해 보는 것 역시 환경적 스트레스나 부정적 감정 상태, 고위험적 요인을 회피하거나 처리하는 능력을 갖는데 도움이 될 것이다.

또한 우울, 불안 등과 같은 정서 문제는 약물 남용과 상호 원인이 될 수 있다. 그러므로 자신의 심리적인 우울감, 초조감, 불안감 등의 정서 문제에 대해서도 민감하게 인식하여 그에 맞는 심리 치료적 개입을 하는 것이 반드시 필요할 것이다. 더불어 니코틴 중독 행동을 고착화시키는 부정적인 강화 요인에는 무엇이 있는지 살펴봐야 한다. 그와 같은 고착화를 지배했던 결정적인 요인을 이해한 후, 심리 상담가와의 면담에서 흡연자에게 문제를 일으킨 정서 요인, 인지적 왜곡, 행동 요인을 신중하게 살펴봐야 한다.

일반적으로 금연에 성공한 사람은 성공하기까지 4번 이상의 실

3) 민성길(1999). 흡연의 약리학 및 정신 의학. 한국금연운동협의회.

패를 한다고 한다. 그러므로 금연 실패에 연연하지 말고 이전의 금연 성공 경험을 기억하여 새로운 금연 계획을 수립하도록 하자. 앞서 언급한 것처럼 니코틴 중독은 끊기 힘든 중독 중의 하나지만 알코올 중독이나 마약 중독과 비교해 볼 때 상대적으로 어렵지 않다. 하지만 금연 치료를 할 때 스스로 결심만을 통해 실행하는 것은 실패할 확률이 높으므로 약물 요법과 행동 요법을 함께 시행하는 통합적인 치료가 권장된다. 또한 금연은 혼자만의 노력뿐 아니라 주변의 가족, 친구들의 적극적인 지원도 반드시 필요하다. 따라서 금연은 가족의 격려와 지지 속에서 더욱 힘을 얻어야 하는 것이고, 자신뿐 아니라 가족을 위한 것이기도 함을 잊지 말아야 한다.

관련 자료

• 도서

노순규(2012). **담배(흡연)의 폐해와 금연방법**. 한국기업경영연구원.

서홍관, 명승권, 김열(2010). **담배 탈출하기**. 고양: 국립암센터.

심교준 역(2012). **스탑 스모킹**. A. Carr의 *Allen Carr's Easy Way to Stop Smoking*. 서울: 한언.

이현우(2008). **금연분투기**. 서울: 고래북스.

홍성민 역(2012). **금연이 정말 쉬워지는 착한 책**. 구보타 기소의 **禁煙で天才脳をつくる!** 서울: 황금부엉이.

9 도박 중독

'단 한 번의 기회가 왔다. 이번이 마지막이다.' 화투 도박을 주제로 한 영화 〈타짜〉의 OST 가사 한 구절을 주문처럼 외우면서 오늘도 누군가는 도박장에 앉아 있을지 모른다. 일반인이 꾸준한 노력과 저축으로도 얻을 수 없는 소위 '인생역전'의 기회가 어쩌면 자신에게도 찾아올지 모른다는 꿈을 꾸면서 말이다. 사회의 경제적인 침체 분위기가 이어지면서 불확실한 미래에 대한 불안을 보상하기 위한 이러한 시도와 이를 부추기는 손짓은 생각보다 우리의 삶 가까운 곳에 즐비하다.

우리 중 대부분은 한 번쯤 장난 반 진심 반으로 복권을 산 후 두근거리는 가슴을 안고 당첨 발표를 지켜 본 경험이 있다. 그리고 서울 근교에는 경마장과 경륜장이 개방되어 있으며, 이전에는 외국인을 위해 주로 존재했던 카지노 게임장이 내국인을 위한 공간으로 개설되는 등 최근 우리는 주변에서 손쉽게 도박을 접할 수 있게 되었다. 많은 나라가 도박을 부족한 재정 예산을 확충하기 위한 손

쉬운 수단으로 인식하면서 우리나라에서도 현재 카지노, 경마, 경륜, 경정, 복권, 체육진흥투표권, 소싸움 같은 경우 합법적인 사행사업으로 운영하고 있다. 따라서 도박은 더 이상 음지에서 행하는 '노름'이 아니다. 사람들은 법적 처벌이나 도덕적 지탄을 받을 염려 없이 어디서나 도박을 즐길 수 있으며, 오히려 그것을 통해 휴식을 취할 수 있고 운이 좋으면 큰돈까지 딸 수 있는 레저산업으로 권장되고 있는 분위기다.

이렇듯 도박 산업이 발전하고 도박에 대한 사회적 금기가 약화되면서 도박 인구와 더불어 도박 중독자 역시 기하급수적으로 증가하고 있다. 국민건강보험공단의 '연도별 도박 관련 질병 진료 현황'에 따르면 2007년부터 2012년 6월까지 도박 관련 질병으로 약 3,490명(연평균 581명)이 건강보험을 통해 진료를 받았고, 병적 도박의 경우 2007년 517명에서 2011년 704명으로 약 36.2%가 증가했다. 더구나 최근 취업난이 심화되면서 한탕주의를 노리는 20~30대 젊은 층으로 도박 연령이 낮아지고 있는 점도 주목할 만하다.

한 번쯤의 도박 경험이 도박 중독으로 이어지지는 않는다. 하지만 도박이라는 것은 자신이 직접 경험하지 않고 다른 사람이 따는 것을 옆에서 보기만 해도 모델링으로서 충분히 자극적인 강화가 되는 특징을 가지고 있다. 경쟁적이거나 충동적이고 자기애적인 성격을 가진 사람들이 흔히 도박 중독자가 되기 더 쉽다는 연구 결과가 있기는 하지만 사실 아주 평범한 사람들도 도박 중독에 쉽게 빠진다. 도박이 가진 위험성에 비해서 인식의 수준은 매우 낮고, '잭팟'이 주는 매력은 매우 크기 때문이다. 우리가 반드시 기억해야 하는 것은 '도박하는 모든 자는 불확실한 것을 얻기 위해서 확실한 것을 건다.'는 파스칼의 명언일 것이다.

대학을 졸업하고 미국으로 어학연수를 간 J씨는 초반에는 공부에 매진하고 틈틈이 아르바이트를 하면서 성실하게 생활했다. 하지만 점차 가족과 떨어져 혼자 지내면서 외로움을 느꼈고 동기인 친구들은 벌써 취직을 했다는 소식을 하나둘씩 들으면서 본인의 진로에 대해 걱정하는 시간이 늘어났다. 그러던 중 어학연수에서 만난 친구들과 어울리다가 우연히 카지노에 놀러 가게 되었다. 운 좋게 몇 차례 돈을 딴 J씨는 그것에 재미를 느끼게 되었고, 이후 돈이 모이거나 답답한 기분이 들 때마다 카지노를 찾게 되었다. 처음에는 놀이로 시작한 일이었으나 점차 카지노를 찾는 횟수와 배팅을 하는 돈의 씀씀이가 커지게 되었다.

'이번만 하고 그만둬야지.' 하는 생각은 늘 머릿속을 지배했지만 어느새 한국에서 부모님이 보내 주신 어학연수 비용도 모두 쏟아부은 상태였고, 공부를 하러 도서관에 가는 시간보다 카지노에 머무는 시간이 더 많아졌다. 그 후 뒤늦게 부모님께서 이 사실을 알게 되어 예정했던 어학연수 기간이나 목표했던 어학시험 점수도 다 채우지 못하고 한국으로 돌아와야만 했다. 그러나 한국에 와서도 부모님 모르게 강원랜드를 찾거나 인터넷 불법 도박을 지속하여, 결국 천만 원 가까운 빚을 진 상태에서 부모님의 권유에 따라 도박중독치유센터를 찾게 되었다.

1. 도박 중독이란

'도박'이란 '재물을 걸고 우연에 의해 재물의 득실을 결정하는 것을 말하며 기능과 기량에 의해 승패가 결정되는 경기와는 구별되는 것'을 말한다. 이러한 도박은 문제 수준에 따라서 사교성 도박, 습관성 도박, 그리고 병적 도박의 3단계로 나눌 수 있다.

'사교성 도박'은 주로 친구들 사이에서 일정한 손실액을 정해 놓고 돈을 따기 위한 목적보다는 즐거움이나 친목을 목적으로 행하는 것으로, 언제든지 도박 행위를 중지할 수 있다. 반면, '습관성 도박'은 그보다는 심각하게 개인의 생활이나 직업에 어려움을 초래할 정도로 빈번히 이루어지는 도박 행동을 말하며, 병적 도박보다 심각도는 낮은 수준이지만 흔히 이 단계에서부터 도박 중독의 위험 요인을 안고 있다. '병적 도박'은 도박을 하고 싶어 하는 충동의 강도와 절박함이 매우 커지고, 이를 위해 더 많은 시간과 재정을 소비하게 되면서 궁극적으로 개인의 삶의 초점이 도박에 맞춰지게 되어 다른 생활에 소홀해지며, 실제 적응상의 곤란을 경험하게 된다. 이 단계쯤 되면 도박은 더 이상 놀이가 아니다.

이와 같은 병적 도박의 단계를 우리는 '도박 중독'으로 진단할 수 있는데, 즉 도박에 대한 집착으로 인해 부정적인 결과를 초래함에도 그것을 통해 돈을 딸 수 있을 것이라는 갈망과 비합리적 신념을 가지고 도박 행동을 지속하는 상태로 정의할 수 있다.

2. 도박 중독에 빠지면

다음에 제시한 문항들은 도박 중독에 빠진 사람이 주로 보이는 특징이다.

1) 도박에 대한 생각에서 벗어나지 못한다

도박 중독자는 과거의 도박 경험을 되새기면서 이전의 손실과 그것을 만회하고자 하는 생각에 집착하게 되고, 이를 위해 다음 도박의 계획과 전략을 세우며 자금이 될 수 있는 돈을 마련한다.

2) 흥분 상태를 높이기 위해 도박에 거는 액수가 점차 증가한다

오랫동안 약을 복용한 사람이 점점 복용량을 늘려야만 약효를 보는 것처럼 도박을 하는 사람 역시 이전에 경험했던 흥분 상태를 다시 즐기거나 더 큰 흥분을 느끼기 위해서 도박에 거는 액수를 점차 높이게 된다. 배팅 액수가 증가할수록 위험도에 따른 긴장감이 높아지고 동시에 더욱 강한 흥분감을 느낄 수 있기 때문이다.

3) 도박에 대한 자기 통제감을 잃는다

신용카드를 자르고 가족에게 재정을 모두 맡기는 것처럼 나름대로 도박 행동을 조절하려는 노력이 전혀 없는 것은 아니지만 도박을 하고 싶은 욕망과 조절의 노력 사이에서 갈등을 반복하고 자신의 무력함을 인정하면서 다시 도박을 찾는 경우가 흔하다.

4) 도박을 중단하도록 했을 때 금단증상을 경험한다

도박을 줄이거나 중지하려고 시도할 때뿐만 아니라 직장 문제나 여행, 또는 질병과 같은 이유로 어쩔 수 없이 도박을 할 수 없게 되었을 때조차 도박 중독자는 도박에 대한 갈망을 떨치지 못하고 당장 도박을 할 수 없는 현 상황을 매우 큰 스트레스로 느끼면서 신경질적으로 변한다.

5) 당면한 문제에서 도피하고자 하거나 불쾌한 기분을 덜기 위해 도박을 한다

도박으로 인한 문제가 심화될수록 우울감이나 죄책감, 가족이나 직장에서의 질책 등과 같이 도박 때문에 받는 심리적 또는 현실적인 스트레스가 늘어난다. 따라서 이제는 도박에서 기인한 문제로부터 도망치는 방법으로 또다시 도박을 찾는다.

6) 도박으로 잃은 돈을 만회하기 위해 다시 도박판을 찾는다

재미로 도박을 하는 사람이라면 더 큰 손실을 보기 전에 도박에서 손을 떼지만 도박 중독자는 자신의 손실을 보상하기 위해 다시 도박을 시도하고, 도리어 배팅액을 높이는 악순환을 반복한다.

7) 도박하는 것을 숨기는 거짓말을 한다

도박에 빠진 사람은 자신을 염려하고 간섭하는 가족이나 친구 등의 주변 사람들에게 도박한 사실과 액수를 부인하거나 거짓으로 보고한다. 반사적으로 시작한 거짓말이더라도 점차 교묘하고 의도적인 모습으로 발전하며, 심지어 치료자에게도 거짓말을 한다. 따라서 도박 중독에는 가족, 친구들과 함께하는 통합치료가 필수적이다.

8) 도박 자금을 조달하기 위해 다양한 불법 행위를 한다

도박 중독자는 소위 '대박'의 기회를 얻기 위해 많은 시간과 자금을 도박에 투자하지만 실제로 이기는 경우보다 지는 경우가 더 많기 때문에 상황은 악화된다. 부족한 돈을 조달하고 빚을 갚기 위해 위조지폐 사용, 도둑질, 협박, 착복 등의 다양한 불법 행위를 저지른다.

9) 대인 관계와 직업적인 측면 모두에서 위태해진다

도박 중독자는 도박에만 관심의 초점을 맞추기 때문에 중요한 주변 사람들과의 관계나 자신의 일을 책임감 있게 하는 데에도 모두 소홀하게 된다. 따라서 도박 중독이 심화될수록 실직이나 이혼, 갈등, 사회적인 고립 등이 흔한 문제로 나타난다.

10) 주변 사람들에게 금융 조달을 요구한다

점차 도박에 투자할 수 있는 수중의 돈이 바닥을 보이고 직업이 유지되지 않아 경제 파탄의 위기를 경험한다. 따라서 가족이나 친지, 친구들에게 빚을 대신 갚아 달라고 부탁할 뿐만 아니라 마지막으로 한 번만 더 도박 기회를 달라고 하면서 도박 자금을 요구한다. 이들의 모습은 절박하기까지 하지만 이때 재정적인 도움을 주는 것은 치료에 오히려 독이 된다.

11) 우울증과 같은 정서 문제가 동반한다

도박으로 인한 실직, 가정 파탄, 범죄, 빈민화 등의 문제가 이어지면서 그러한 절망적인 상황으로 인한 우울증이나 자살 등의 정서 문제가 함께 찾아온다. 세계적인 도박 중심지인 라스베이거스가 미국에서 자살률이 가장 높은 도시라고 불리는 것도 카지노가 생긴 이후부터의 일이다.

12) 신체적인 질환도 흔히 보이는 문제다

알코올 및 약물에 대한 의존과 도박 중독은 꽤 밀접한 연관성을 가진다. 또한 도박에만 빠지면 운동이나 수면, 음식 섭취 등 자신의 몸을 돌보는 데 신경을 쓰지 않게 되고, 도박으로 인한 긴장이나 손실 때문에 스트레스와 그에 따른 불면증, 위궤양, 두통, 고혈압, 심장 질환 등의 문제를 빈번히 동반하게 된다.

3. 나는 도박 중독일까

다음은 도박 중독의 가능성을 스스로 확인할 수 있는 자가 점검표다. 지난 1년 동안 자신이 도박을 하면서 느낀 문제와 그 정도를 각 질문에 대해서 '없음', '가끔', '대부분', '거의 항상' 중 하나에 표시한 후 각 점수를 합산하면 된다.[1] 검사에서 제시하는 도박 중독의

1) 중독예방치유센터(2009). 잃어버린 나를 찾는 희망안내서. 서울: 사행산업통합감독위원회.

수준이 절대적이고 고정된 것은 아니지만 점수가 높을수록 도박과 관련된 문제가 클 가능성이 있다.

도박 중독 자가진단 척도(CPGI)

문 항	없음	가끔	대부분	거의 항상
1. 도박에서 잃어도 크게 상관없는 금액 이상으로 도박을 한 적이 있는가?	0	1	2	3
2. 종전과 같은 수준의 스릴을 느끼기 위해 점점 더 많은 돈을 걸어야 했던 적이 있는가?	0	1	2	3
3. 도박으로 잃은 돈을 만회하기 위해 다른 날 다시 도박을 한 적이 있는가?	0	1	2	3
4. 자신의 도박 행위가 문제가 될 만한 수준이라고 느낀 적이 있는가?	0	1	2	3
5. 도박으로 인해서 스트레스나 불안감 등 건강 문제가 발생했던 적이 있는가?	0	1	2	3
6. 다른 사람들이 자신의 도박 행위를 비난하거나 자신에게 도박으로 인한 문제가 있다고 말한 적이 있는가?	0	1	2	3
7. 자신이 한 도박 행위로 인해 자신이나 가정에 재정적인 문제가 발생한 적이 있는가?	0	1	2	3
8. 자신이 도박하는 방식이나 도박을 해서 발생한 일에 대해 죄책감을 느낀 적이 있는가?	0	1	2	3
총 점				

총점	상태	해석
0점	문제 없음	도박에 사용하는 시간과 돈을 통제할 수 있으며, 돈을 따는 것이나 승리하는 것을 도박의 목적으로 보지 않고 오락을 위해 도박을 하는 정도다.
1~2점	저위험성 도박	도박으로 인한 부정적인 결과가 나타나지 않는 수준으로 도박을 한다. 하지만 도박을 자주 한다면 도박 관련 문제에 빠질 위험성을 탐색해 봐야 한다.
3~7점	중위험성 도박	도박으로 인해 일상생활을 적절하게 유지하는 데 어려움이 나타날 가능성이 있다.
8점 이상	고위험성 도박	도박 행동을 조절하지 못하는 상태를 나타내며, 점수가 높을수록 문제의 심각성은 더욱 크다. 전문가의 도움이 필요하다.

채 박사와 함께하는 도박 중독 스스로 극복하기

1) 첫 번째 단계: 자신의 도박 행동을 점검하고 변화의 필요성을 인식하기

도박 중독을 극복하기 위해서 가장 중요한 첫 번째 단계는 자신이 도박과 관련한 문제를 지닌다는 것을 스스로 인식하고 변화하려는 의지를 갖는 것이다.

도박 중독에 빠진 사람들은 대부분 이 단계에서부터 망설이거나 거부감을 보인다. 그동안 도박으로 인해 겪은 문제 경험은 축소하고, 반대로 도박으로 돈이나 재미를 얻었던 결과에 대해서는 확대 해석하는 생각이 습관처럼 자리 잡아 왔기 때문이다. 또한 도박에서 성공하거나 성공을 기대하는 단계에서 경험할 수 있는 흥분된 기분을 인생의 다른 부분으로 대체하여 충족하는 것이 가능할 것인지에 대한 불안감도 변화를 결심하는 데 방해가 되곤 한다. 그럼에도 도박 행동을 지속할 경우 자신과 가족, 친구들에게 다가올 수 있는 심각한 문제를 생각해 본다면, 도박 행동을 중단하고 변화하고자 하는 결심이 반드시 필요하다는 것을 알게 될 것이다.

(1) 자신의 도박 중독 심각도를 따져 본다

앞서 제시한 도박 중독 자가진단 척도의 질문에 대한 답을 표시하고, 그것에 대해 생각해 보자. 아울러 실제적으로 하루 또는 일주일, 한 달 단위로 나누어 자신이 도박에 투자하고 있는 시간과 돈의 양, 그리고 현재 자신의 재정 상태를 점검해 보자.

(2) 도박으로 자신과 주변 사람들이 받을 수 있는 득실을 따져 본다

활동지에 자신이 도박을 계속함으로써 자신과 자신의 중요한 주변 사람들(가족, 친구, 직장 동료 등)이 얻거나 잃을 수 있는 것은 무엇이 있는지 구체적으로 기록해 보자.

이 활동을 통해 실제 도박이 자신과 자신의 주변에 미친 영향을 생각해 보고, 도박을 유지하거나 중단한 후 현재 상태에서 변화할 경우 어떻게 될 수 있을지 예측해 봄으로써 변화의 필요성을 인식하고 변화를 위한 의지를 높일 수 있다. 따라서 부정적인 예측뿐 아니라 자신이 도박을 그만두었을 때 일어날 수 있는 긍정적인 기대도 함께 생각해 본다. 가능한 한 모든 득실을 생각해서 구체적으로 기록하는 것이 좋다.

변화를 위한 결정 저울

도박을 계속할 때의 장점	도박을 그만둘 때의 장점
예 - 짜릿한 흥분 - 성공 시의 보상(돈)	예 - 가족의 평화 - 적어도 돈을 더 잃지는 않는다.
-	-

도박을 계속할 때의 단점	도박을 그만둘 때의 단점
예 - 늘어나는 빚 - 가족의 불신과 갈등	예 - 즐거움이 사라진다.
-	-

2) 두 번째 단계: 도박을 하게 만드는 자동적 사고를 찾아보고 반박하기

도박 중독자들은 도박과 관련해서 자동적으로 머리에 떠오르는 자동적 사고를 가지고 있다. 그리고 그러한 생각은 대부분 비합리적이고 잘못된 생각이지만 도박을 계속하도록 만드는 데 중요한 영향을 미친다. 여기에는 도박 성공 확률에 대한 오해, 운 또는 미신에 대한 믿음, 자신의 도박 기술에 대한 과신, 그리고 자신의 성공 경험에 대해 미화된 방식으로 기억하는 것 등이 포함된다.

따라서 도박과 관련해서 떠오르는 자동적 사고를 점검하고 이에 대해서 논리적인 반박을 함으로써 합리적인 생각으로 바꾸는 과정이 필요하다. 다음 활동지가 그러한 과정을 돕기 위한 목록을 제시하고 있다. 자신에게 해당하는 자동적 사고를 찾아내고, 그것을 반박하는 문구를 작성한 후, 실제 소리 내어 자신에게 말하는 연습을 해 보자.

도박과 관련해서 떠오르는 자동적 사고를 확인하고 반박하기

	자동적 사고	반박하기
확률에 대한 오해	- 도박은 무엇보다 쉽게 돈을 벌 수 있는 방법이다. - 그동안 잃으면서 연습을 했으니 이제는 따는 일만 남았다.	- 예) 평균 원리를 따져 보면 실제 도박을 했을 때 잃는 돈이 훨씬 많다. 쉽게 돈을 잃는다. -
미신적 믿음	- 이번에는 왠지 딸 것 같은 확신이 든다. - 언젠가 한 번은 크게 딸 수 있을 것이다. - 거의 딸 수 있었는데 아깝게 잃었다. 다음번에는 꼭 성공할 것이다. - 나에게는 행운을 가져 오는 부적이나 자리(기계)가 있다.	- - - -
도박 기술 과신	- 나는 다른 사람들에 비해서 기술이 좋다. - 나는 돈을 많이 딸 수 있는 방법을 알고 있다.	- -
미화된 기억	- 그래도 잃을 때보다는 딸 때가 더 많았다. - 한동안 하지 않다가 다시 하면 꼭 따곤 했다.	- -

3) 세 번째 단계: 도박으로 유혹하는 위험한 상황을 파악하고 단호하게 거절하기

변화를 위한 노력을 하는 과정에서도 도박을 하고 싶은 갈망과 이를 자극하는 상황은 끊이지 않는다. 때문에 자신이 도박을 하도록 유혹하는 상황을 점검하는 것이 필요하다. 그래야 그러한 상황이 생기지 않도록 미연에 방지하거나 유혹을 받는 상황에 직면했을 때 피할 수 있는 대책을 강구할 수 있다.

(1) 자신을 도박으로 유혹하는 위험 상황을 파악한다

도박을 하도록 유혹하는 위험한 상황은 부인의 잔소리나 의심, 빚 독촉, 실직, 월급에 대한 불만, 재정 위기, 외로움과 같은 부정적인 사건뿐 아니라 복권에 당첨되어 돈이 생기거나 도박을 같이 하던 친구들과 어울리는 자리가 생긴 경우, 승진 등과 같은 기분 좋은 상황이나 분위기에도 영향을 받을 수 있다. 또, 주변에서 돈을 땄다는 소식을 듣거나 우연히 돈을 따는 것만 봐도 강한 유혹을 받을 수 있다.

다음의 활동지에 도박을 중단했던 자신의 마음을 흔들리게 하는 구체적인 상황을 기록하고, 그때 떠오르는 생각과 그것을 거절하고 대처할 수 있는 방법을 생각해 보자.

유혹 상황에서 당장 도박을 하고 싶은 충동을 제어하기 위해서는 그 순간 도박에 대한 생각을 떨칠 수 있도록 다른 일에 집중하거나 당장 도박 행동으로 실행하지 말고 일단 멈춰서 진정하는 시간을 가지며 지금 자신이 변화하고자 하는 이유와 그동안 얼마나 잘 지내 왔는지를 되새겨 보는 것이 도움이 될 수 있다. 또한 주변에 자신이 도박 치료 중임을 알려서 의도적으로, 혹은 부지불식간에라도 다시 도박을 하도록 유혹하지 않게 도움을 청하고, 유혹 상황에서 자신이 망설일 때 제재해 줄 것을 요청한다.

도박을 하도록 유혹하는 위험 상황과 대처 방법 생각하기

구체적인 상황	떠오르는 생각	대처 방법
예 - 여유 시간이 생겼을 때 - 도박을 같이 하던 친구와 만났는데 은근히 권유해 올 때	예 - '시간은 있는데 재미있는 일이 없네. 도박을 할 때는 이런 고민도 할 필요가 없었는데……' - '옛날 생각나네. 같이 가자고 하니 못 이기는 척 따라가 볼까?'	예 - '새로운 취미 생활을 만들어야겠다. 테니스나 배워 볼까?' - 지금 자신이 도박 치료 중임을 알리고 그동안 연습해 둔 거절하는 말을 한다.

(2) 유혹을 거절하기 위한 자기주장 훈련을 한다

자신이 반드시 이겨낼 수 있다는 확신을 되새기며 도박 유혹 상황에서 스스로에게 또는 유혹을 제안하는 상대방에게 거절하는 말을 연습해 보자.

도박 유혹을 거절하는 말

- 저는 도박을 끊었습니다.
- 저는 도박을 하기 싫습니다.
- 저는 더 이상 도박을 하지 않습니다.
- 저는 도박을 하지 않기로 저 자신과 약속했습니다.
- 도박이 제 인생을 망쳤습니다.
- 가족을 위해서, 미래를 위해서 도박을 끊어야 합니다.
- 감옥에 가지 않으려면 도박을 해서는 안 됩니다.
- 도박을 하면 결국에는 패가망신합니다.
- 도박해 봐야 폐인밖에 안 됩니다.
- 저도 이제 새 생활을 갖고 싶습니다.
- 저도 할 수 있다는 것을 보여 주고 싶습니다.
- 저는 할 일이 많습니다. 도박에 낭비할 시간이 없습니다.

그럼에도 유혹에 대한 거절은 쉽지 않다. 따라서 자신이 도박의 유혹에 단호하게 대항할 준비가 될 때까지 그러한 위험 상황과 맞부딪히는 것을 피하는 것이 좋다. 그리고 자신을 유혹하는 상대방이 거절을 받아들이지 않더라도 싫다고 강조하며 반복해서 자신의 생각을 전달하고, 그래도 계속 권유한다면 "당신은 저에게 왜 그렇게 도박할 것을 권유합니까? 제가 도박을 계속하는 게 당신에게 어떤 의미가 있습니까?"와 같이 대화의 초점을 상대방에게 돌리거나 화제를 바꾼다. 혹은 아예 그 자리를 피하는 것을 추천한다.

4) 네 번째 단계: 도박 행동 관찰 일지 기록하기

변화를 지속하기 위해서 자가 점검은 필수적이다. 다음의 관찰 일지를 매일 확인해 가면서 자신이 스스로 도박의 유혹을 통제하고 극복해 가고 있는지 확인하고, 잘하고 있을 경우 스스로를 칭찬한다. 만약 잘 안 될 경우, 다시 도전하거나 할 수 있는 다른 방법을 생각해 보도록 한다.

도박 행동 관찰 일지

일시	점검을 위한 질문
/	1. 오늘 도박을 했는가? (예 / 아니요) 2. 오늘 도박 충동을 통제할 수 있었는가? (0[매우 어려웠다]~10점[전혀 어렵지 않았다]) ( ) 점 3. 오늘 몇 번이나 도박을 하고 싶은 생각이 들었는가? ( ) 번 4. 오늘 얼마 동안 도박을 했는가? ( ) 시간 5. 오늘 도박에 얼마를 소비했는가? ( ) 원 6. 도박을 하고 싶은 충동이 든 당시에 어떤 상황이었는가? (누구와 있었고, 어디에 있었으며, 당시 기분은 어땠는가?) ____________________ ____________________ 7. 충동을 물리치기 위해서 어떤 생각을 했는가? ____________________ ____________________ 8. 충동을 물리치기 위해서 어떤 대안 행동을 했는가? ____________________ ____________________

9. 도박 충동을 이겨 낸 후 어떤 기분이나 생각이 들었는가?

____

____

10. 오늘의 반성과 더 나은 내일을 위한 다짐

____

____

관련 자료

• 도서

김경훈, 김태우, 김한우 역(2007). **도박 중독 심리치료**. J. W. Clarrocchi의 *Counseling Problem Gamblers: A Self-Regulation Manual for Individual and Family Therapy*. 서울: 시그마프레스.

이흥표(2002). **도박의 심리**. 서울: 학지사.

이흥표, 이상규, 이재갑, 김한우, 김태우(2007). **습관성 도박의 이론과 실제**. 서울: 학지사.

황현탁(2010). **도박의 사회학**. 파주: 나남.

• 영화

〈타짜〉(2006)

10 알코올 중독

우리 민족은 전통적으로 명절과 제사 등의 대소사에서 술을 가까이하였고, 술을 사람들과의 친밀한 관계를 이어 주는 '정(情)'의 징표로 여길 만큼 음주 행동에 너그러운 경향이 있다. 적당한 음주는 술을 전혀 마시지 않는 것에 비해 심장병 발생 확률을 낮추고, 혈액순환에도 도움을 주며, 사람들과의 어색한 분위기를 풀어 줘서 솔직한 대화를 가능하게 하기도 한다. 그러나 좋은 약도 잘못 쓰면 독이 되듯이 지나친 음주는 자신이나 주위 사람들에게 치명적인 독이 되어 돌아온다.

세계보건기구가 발표한 15세 이상의 술 소비량 통계에 따르면 우리나라는 세계 2위이며, 남성의 88.8%, 여성의 71.6%가 음주를 한다. 지난해 국세청 통계를 보면 국민 한 사람이 한 해 평균 소주 66.6병, 맥주 100.8병, 막걸리 14.2병을 소비했을 만큼 우리나라 국민의 술 소비량은 절대적으로 많은 편이다. 더구나 요즘처럼 경제

불황이 심한 시기에는 취업 스트레스, 실업, 이혼 등의 사회적 요인이 술 소비량을 부쩍 증가시키고 있어, 그로 인해 알코올 의존증 환자가 늘어나는 추세에 있다. 우리나라는 성인의 4.2~10.9%가 알코올 의존 상태에 있는 것으로 보고되고 있다.[1] 이처럼 알코올 중독이 한국인의 정신장애 발생 원인 1위에 해당하지만[2] 그 치료율은 10%에도 미치지 못하는 실정에 있다.[3]

무엇보다 심각한 것은 알코올로 인한 사회적 폐해, 즉 아동 성폭력, 가정 폭력과 가정해체, 자살, 음주 음전, 주폭 등의 범법 행위가 점차 증가하면서 사회의 불안을 가중시키고 있다는 점이다. 최근 사회적 파장을 일으킨 조두순, 김길태, 오원춘 등의 흉악범과 자살한 유명 연예인들은 모두 사건 당시 술에 취한 상태였다는 공통점이 있다.

알코올은 뇌의 통제 기능을 둔화시키기 때문에 지나치게 음주를 하는 사람은 평상시에 억압해 왔던 분노, 공격성, 폭력성 등의 감정에 취약해져 자살, 자해, 각종 범죄 등을 저지를 확률이 높아진다. 특히 요즘 지나친 음주 습관이 문제가 되면서 만취 상태에서 자신의 분노와 폭력성을 주변 사람들에게 휘두르는 주폭(주취폭력)자[4]

1) 유채영(2001). 문제음주자의 변화단계와 변화전략의 단계. **한국알코올과학회지**, 2(1). 53-66 재인용.

2) 차현희(2010). 풍경구성법에 나타난 알코올중독자와 일반인의 반응특성연구. **한국예술치료학회지**, 1. 171-203 재인용.

3) 2004년 한국알코올과학회 추계학술대회에서 김한오는 우리나라의 한 알코올전문병원에서의 10년간 중독치료율이 4%라고 하였으며, 우리나라 전체에서의 10년간 알코올치료율은 0.1%라고 추정하였다. 출처: 이용표(2004). 알코올서비스체계의 현황과 지역사회 알코올상담센터의 발전방향. **한국알코올과학회지**, 5(2). 51-71.

역시 심각한 사회문제로 부상하고 있다. 이들은 자신이 술에 취하면 반복해서 실수를 저지른다는 사실을 알면서도 술을 제어하지 못하고, 스스로 저지른 행위를 잘 기억하지 못한다는 특성 때문에 알코올 중독일 가능성이 매우 높다. 다음은 전형적인 알코올 중독 사례다.

S씨는 어린 시절 아버지의 잦은 음주 문제로 인해 바람 잘 날 없는 가정에서 자랐다. 늘 술에 취해 있는 아버지를 보고 자신은 절대로 술을 입에 대지 않겠다고 다짐하며 살았지만 영업부에 재직하게 되면서 퇴근 후 직원들과 한두 잔씩 음주를 하게 되었다. S씨는 까다로운 고객을 만나거나 영업 목표에 대한 압박감이 심해지면 자신도 모르게 술을 자주 찾게 되었고, 하루에 소주 8병과 맥주 23병을 앉은 자리에서 해치우기도 했다. 그리고 이튿날이면 그의 방 안은 난장판이 되어 있었고 몸은 엉망진창이 되어 있었지만 도무지 전날의 일이 기억나지 않았다.

술이 깨면 온몸이 아프고 손이 부들부들 떨렸다. 그러면서 점차 S씨의 몸은 야위어 갔다. 하지만 잠시라도 술기운이 없으면 견디지 못해서 술을 끊을 수도 없었다. 예전에 비해 신경이 예민해지고

4) 주폭자는 '술에 취한 상태로 인하여 자기 또는 타인의 생명, 신체와 재산에 위해를 미칠 우려가 있는자와 자살을 기도하는 자' 또는 '술에 취한 상태로 자기 또는 타인의 생명, 신체와 재산에 위해를 미칠 우려가 있다고 명백히 인정되는 자'로 정의된다. 출처: 박경래, 최성락(2011). 충북지방경찰청 주폭척결 프로그램의 비용편익분석. **한국경찰연구**, 10(4). 3-30.

쉽게 화를 내는 성격으로 변해 가자 그나마 있던 몇 명의 지인과도 멀어져 갔다. 결국 부인은 S씨에게 이혼을 요구하였고, 실직까지 하여 가정이 파탄나게 되면서 그는 노숙자 신세에 이르렀다. 뿐만 아니라 설상가상 간 경화로 시한부 인생까지 선고받게 되었다.

S씨의 사례에서 보듯이, 직장인이 퇴근 후 힘든 하루를 달래고 스트레스를 풀기 위해 한잔하러 주점을 찾는 일은 자연스럽게 보인다. 그러나 긴장을 풀기 위해, 또는 스트레스에서 벗어나고자 술을 마시는 것이 빈번해진다면 문제는 더욱 악화될 뿐만 아니라 당초 원했던 것과 정반대의 결과를 초래할 수도 있다는 것이 연구에 의해 밝혀졌다.[5] 즉, 술을 자주 마시고, 또 많은 양을 마시면 신경계가 알코올에 익숙해져서 오히려 신경세포가 알코올을 필요로 하게 되며, 결국 우리의 몸이 알코올에 지배당하는 알코올 중독 상태에 이르게 된다는 것이다.

5) 남궁기 역(2005). 알코올과 음주 문제. J. Chick의 *Understanding alcohol & drinking problems*. 안양: 아카데미아.

1. 알코올 중독이란

세계보건기구에서는 알코올 중독을 '전통적 음주 습관의 영역을 넘거나 지역사회 전체의 사회적 음주 습관의 범위를 넘어 음주하는 경우를 말하며, 그에 부수되는 병적 인자가 얼마만큼 유전되고 얼마나 체질 또는 신체 병리적 · 대사적 영향을 받고 있는가에 관계없이 통칭 알코올 중독이라고 한다.'라고 정의하고 있다.

다시 말해 알코올 중독은 개인의 건강이나 사회적 · 직업적 기능에 장애가 있음에도 음주를 스스로 통제하지 못하는 상태를 말하며 보통은 알코올 남용과 알코올 의존 상태를 포함한다. 이중 알코올 의존은 '알코올 사용에 있어서 자기통제가 불가능해 뜻하지 않는 결과를 가져옴에도 알코올 섭취를 계속하게 하는 인지적 · 행동적 · 심리적 증상'을 말하고, 알코올 남용은 '사회적 또는 직업상의 기능 장해를 초래하는 알코올의 병적인 사용, 즉 사회적 음주와는 상관없이 알코올을 지속적으로 빈번히 사용하는 것'을 말한다.

2. 알코올 중독에 빠지면

일반적인 음주와 알코올 중독을 구분하는 가장 중요한 특징은 바로 음주에 대한 조절 능력의 상실에 있다. 만약 자신이 신체 어딘가에서 좋지 않은 기운을 감지함에도 계속해서 술이 생각난다면 다음에서 제시하는 알코올 중독 증상 및 특징[6]을 살펴보고 자신의 음주 습관에 대해 점검해 볼 필요가 있다.

1) 알코올 중독의 초기 증상 및 특징

- **다른 사람보다 술을 자주 마신다.** 시간이 지나면서 점차 마시는 술의 양이 많아지고 한 번에 술잔을 비우는 일이 잦아진다.
- **술 절제에 대한 권고를 받기 시작한다.** 처음 몇 번은 주변 사람들의 걱정이 담긴 권고를 받아들이기도 하지만 결국은 술을 입에 대고 만다.
- **안주 없이 술을 마시거나 식사를 거르는 일이 잦아진다.** 알코올 자체는 칼로리가 높기 때문에 술을 마시면 당장 허기를 느끼지 못한다는 특징이 있다.
- **필름 끊김 현상(기억상실 또는 블랙아웃)을 경험한다.** 일시적 기억상실은 뇌의 인지적 장애로, 감각 정보를 전부 혹은 일부분 기억하지 못하는 상태를 말한다. 술을 급하게 마시는 습관이 있는 사람에게 필름 끊김 현상과 함께 간에 치명적인 손상을 가져올 수 있다.
- **술자리에 가면 처음의 결심이 무너진다.** 술에 취해 실수한 경험이 쌓이면 적당히 마셔야겠다고 다짐을 하지만 이내 시간이 지나면 다시 예전처럼 마시게 된다.

6) 김창원(2007). 알코올과 알코올 의존증. 서울: 하나의학사.

- **과민반응을 하거나 화를 참지 못한다.** 자신에게 술 문제가 있다는 사실을 어림짐작으로 알고 있기 때문에 주변 사람들이 자신의 음주 문제에 대해 이야기하면 버럭 화를 내거나 과민반응을 일으킨다.
- **술이 깨면 불안감을 느낀다.** 술이 깨면 전날 자신이 저질렀던 과한 행동의 결과에 대한 걱정이 스며든다. 누군가 자신이 지난밤에 했던 행동을 이야기해 주면 기억하지 못하는 부분을 짜 맞추면서 자존심이 심하게 상하게 된다.
- **약속을 쉽게 어기고 거짓말이 늘어 간다.** 술을 마시기 위한 핑계와 변명이 늘면서 인간관계에 갈등이 생긴다.
- **관심사가 줄어든다.** 개인의 관심사는 오로지 술에 국한된다.
- **시간관념이 없어진다.** 새벽에 술을 사러 나가거나 가족이 일어날 시간에 술에 취해 쓰러져 잠이 든다.
- **예전과 같은 양의 술을 마셔도 취하지 않는다(내성이 생긴다).** 내성은 같은 양의 술을 지속적으로 마실 경우 술에 대한 반응이 감소하는 것을 말한다. 따라서 예전에 술을 마시면서 느꼈던 것과 같은 진정 효과를 얻기 위해 예전에 마시던 것보다 더 많은 양의 술을 찾게 된다.
- **금단증상이 생긴다.** 담배를 끊으면 손이 떨리고 초조한 것처럼 음주를 중단하면 손이나 혀가 떨리고 오심, 구토, 무기력감, 불안, 우울감이 나타난다.

2) 알코올 중독의 중기 이후 증상 및 특징

- **술에 더욱 집착하고 해장술을 마신다.** 술을 자주 마시고 한 번에 마시는 술의 양이 증가한다. 술에서 깨면 손 떨림과 심한 불안감이 엄습해 와서 이를 진정시키려고 해장술을 찾는다.
- **술 이야기에 집착하거나 일부러 회피한다.** 자신에게 술 문제가 있다는 사실을 감지할 경우 술에 관한 이야기를 회피한다. 혹은 다른 사람의 주량, 음주 습관, 주사를 자신의 것과 비교하면서 불안한 마음을 달래기도 한다.
- **수면에 어려움을 느낀다.** 술에 취해 잠드는 습관을 가지면 나중에는 술을 마시지 않았을 때 전혀 잠을 이룰 수 없게 된다. 그런 일이 지속되면 나중에는 술에 취해 잠들어도 한두 시간 밖에 잠을 자지 못하고 금방 깨게 된다. 또는 많은 양의 술을 마셔도 거의 잠을 이루지 못하거나 자주 깨는 토막잠을 자게 된다.
- **몰래 술을 마신다.** 긴장되는 상황이 다가오면 마음이 불안해져서 미리 다른 사람들 모르게 술을 마셔야 진정이 된다.
- **기억상실이 더욱 빈번해진다.** 술을 마신 후 심해지는 기억상실의 상태에 아예 적응하기도 한다. 중요한 회의에 참석하기도 하고 자신의 업무도 보지만 다음날이 되면 까맣게 잊어버리는 경우가 다반사다.
- **술병을 진열하거나 안 보이는 곳에 감춘다.** 집 안에 술이 없으면 마음이 초초해져서 술병을 눈에 띄는 곳에 진열하거나 다른 사람의 눈에 띄지 않는 곳에 감춘다.

- 대인 관계에 어려움이 나타난다. 주변 사람들의 간섭을 받지 않도록 아예 혼자서 술을 마시는 것을 택한다.
- 죄책감과 수치심이 더욱 심해지고 도덕적으로 타락한다. 취중 실수는 술이 깬 후 자존심을 크게 손상시킨다. 더욱이 상처받은 자존심을 무의식중에 보상받으려는 심리가 작용해서 약자에게 분노를 터트리게 만든다.
- 술의 내성이 줄어들기 시작한다. 술을 지속해서 마시는 동안 어느 시점부터는 갑자기 술에 빨리 취하기 시작하는데, 이는 알코올 의존 말기에 접어들면서 술에 대한 내성이 급격히 떨어져 나타나는 현상이다.
- 술이 깨면 온몸이 아프고 떨린다. 비타민 결핍에 의한 말초신경의 장애가 통증을 유발한다.
- 재정적 어려움이 온다. 실업 등의 심각한 경제난에 봉착한다.
- 이유 없이 공포감에 시달리고 자의로 입원하기도 한다. 오랫동안 술을 마시면 금단증상이 반복되어 공황 상태를 경험하기도 한다. 머지않아 자신이 죽을지도 모른다는 두려움이 엄습해 와서 스스로 입원을 자처하기도 한다.

3. 나는 알코올 중독일까

세계보건기구가 개발한 사정 도구인 '알코올 사용장애 진단 검사(AUDIT-K: Korean alcohol use disorders identification test)'는 문제

성 음주자의 조기 확인을 위해 간편하게 실시할 수 있는 다문화적 선별 도구이며, 이병욱 등(2000)이 한국어판으로 표준화하였다. 다음의 각 문항을 읽은 후 자신에게 해당하는 항목에 표시하고, 표시한 모든 항목의 점수를 합산한 후 전체 점수를 환산하여 자가 진단을 해 보자.

알코올 사용장애 진단 검사(AUDIT-K)

문항					점수
1. 당신은 술을 얼마나 자주 마십니까?					
전혀 마시지 않음 0	월 1회 미만 1	월 2~4회 2	주 2~3회 3	주 4회 이상 4	
2. 평소 술을 마시면 몇 잔 정도 마십니까?					
1~2잔 0	3~4잔 1	5~6잔 2	7~9잔 3	10잔 이상 4	
3. 한 번에 소주 한 병(또는 맥주 4병) 이상 마시는 경우는 얼마나 자주 있습니까?					
전혀 없음 0	월 1회 미만 1	월1회 2	주 1회 3	거의 매일 4	
4. 지난 1년간 술을 한 번 마시기 시작하면 멈출 수 없었던 때가 얼마나 자주 있었습니까?					
전혀 없었음 0	월 1회 미만 1	월 1회 2	주 1회 3	거의 매일 4	
5. 지난 1년간 평소 같으면 할 수 있던 일을 음주 때문에 하지 못한 적이 얼마나 자주 있었습니까?					
전혀 없음 0	월 1회 미만 1	월 1회 2	주 1회 3	거의 매일 4	
6. 지난 1년간 술을 많이 마신 다음날 해장술을 마신 적이 얼마나 자주 있었습니까?					
전혀 없음 0	월 1회 미만 1	월 1회 2	주 1회 3	거의매일 4	

7. 지난 1년간 음주 후에 죄책감을 느끼거나 후회한 적이 얼마나 자주 있었습니까?				
전혀 없음 0	월 1회 미만 1	월 1회 2	주 1회 3	거의 매일 4

8. 지난 1년간 음주 때문에 전날 밤에 있었던 일이 기억나지 않았던 적이 얼마나 자주 있었습니까?				
전혀 없음 0	월 1회 미만 1	월 1회 2	주 1회 3	거의 매일 4

9. 음주로 인해 자신이나 다른 사람을 다치게 한 적이 있습니까?		
없음 0	있지만 지난 1년간에는 없었음 2	지난 1년간 있었음 4

10. 친척이나 친구, 의사가 당신이 술 마시는 것을 걱정하거나 당신에게 술 끊기를 권유한 적이 있습니까?				
전혀 없음 0	월 1회 미만 1	월 1회 2	주 1회 3	거의 매일 4

전체 점수를 환산한 결과는 다음과 같이 분류된다.

총 점	상 태	해 석
12~14점	문제 음주	정상 음주에서 벗어나 경제적 · 신체적 상태, 가족 관계, 직장 생활 등에서 음주 문제가 있는 단계로 음주자 스스로 문제 음주 원인을 파악하고 음주 횟수나 양을 줄이는 것이 좋다.
15점 이상	남 용	문제 음주보다는 심각한 단계이나 알코올 의존(중독)은 아닌 단계다. 지속적인 음주 시 알코올 중독으로 진행될 수 있으므로 알코올 상담 센터나 알코올 전문 병원 외래에서 상담과 치료를 받는 것이 필요하다.
26점 이상	알코올 의존가능성	이 단계에 있을 경우 알코올 중독일 가능성이 높으므로 알코올상담센터나 알코올 중독 치료 전문 병원을 방문한 후 전문적인 치료와 재활을 받는 것이 필요하다.

채 박사와 함께하는 알코올 중독 스스로 극복하기

다음 내용은 프로체스카 등(1983)이 제안한 변화 단계(숙고 전 → 숙고 → 준비 → 실행 → 유지)[7]에서 숙고 단계 이후에 해당하며, 주로 음주 충동이 강하고 음주를 줄이거나 끊기 원하는 사람들에게 적용할 수 있는 프로그램이다. 즉, 음주 문제를 야기하는 잘못된 생각을 찾아내어 대안적이고 현실적인 생각으로 바꿔 줌으로써 문제 행동을 중단시키고, 보다 적응적인 대처 방식으로 행동할 수 있도록 도와준다. 이때 음주 문제에서 벗어나기 위한 자가 치료 프로그램은 3단계로 나누어 진행할 수 있다.

1) 첫 번째 단계: 자신의 상태 탐색 및 문제 인식하기

자신의 단계 찾기(변화 단계)*

숙고 전		- 술을 끊는 것에 대해 생각하지 않는다. - 자신과 주변 상황이 큰 문제 없이 괜찮다고 느낀다. - 문제를 인식하지 못한다.

7) Prochaska, J.O., & Diclemente, C. C. (1983). Stage and processes of self-change of smoking: Toward an integrative model of change. *Journal of consulting and clinical psychology, 51*, 390-395.

숙 고		- 술을 끊는 것에 대해 생각한다. - 자신의 음주 행동이 주변 사람들에게 어떤 영향을 미치는지 고민하기 시작한다. - 작은 변화들을 시도해 보기도 한다.
준 비		- 술을 끊기 위한 계획을 세운다. - 술 마시는 양을 '줄이기도' 한다. - 술을 끊는 것이 자신에게 더 이득이라고 생각한다.
실 행		- 술을 완전히 끊는다. - 위험한 상황을 피한다. - 주변 사람들에게 자신의 단주 생활을 도와줄 것을 부탁한다.
유 지		- 오랫동안 단주 생활을 유지한다(6개월~2년 이상 완전 단주). - 자기 자신을 받아들인다. - 아직도 술을 마시고 있는 사람들을 도와준다.

- **현재 자신은 변화 단계 중 어느 단계에 있다고 생각하는가? 왜 그 단계라고 생각하는지 적어 보자.**

___

___

___

- **음주 시와 단주 시 이득 및 손실을 비교해 보자.**
  - 음주를 계속할 것인가, 중단할 것인가?
  - 음주와 관련한 이득과 손실을 하나씩 따져 보는 시간을 가진다.

음주 관련 이득 및 손실 분석

	좋은 점(이득)	나쁜 점(손실)
음주 시	예 - 기분이 좋아진다. - 잠을 좀 잘 수 있게 된다. - 동료들과 어울리는 것이 좋다.	예 - 건강을 잃는다. - 직업생활에 지장이 있다. - 가족과 불화가 생긴다.
단주 시	예 - 술 마신 다음날 후회하지 않는다. - 부인과 싸우지 않는다. - 술값을 절약하게 된다.	예 - 예민해지고 날카로워진다. - 잠이 잘 안 온다. - 삶이 재미가 없다.

* 카프병원(2006). 알코올의존자를 위한 동기강화 프로그램 워크북. http://www.karf.co.kr.

2) 두 번째 단계: 자신의 행동을 이해하고 통제하기

(1) 음주를 하고 싶게 만드는 요인(촉발 요인) 찾기

음주를 하는 사람에게는 음주하고 싶은 충동을 느끼는 상황이 찾아온다. 즉, 음주는 특정 상황, 장소, 사람, 시간과 연관되어 있으며 특정 기분을 느낄 때 촉발된다. 그것을 '촉발 요인'이라고 한다.

• 어떤 상황(사건)을 경험할 때 음주하고 싶은가?

예 부인과 싸울 때, 직장에서 스트레스 받을 때

나는 ____________________

• 어느 시간대에 음주하고 싶은 욕구를 느끼는가?

예 가게 문 닫는 시간(10시), 직장에 가지 않는 주말

나는 ____________________

• 어떤 사람이 주로 음주하고 싶게 자극하는가?

예 부인, 직장 상사, 직장 동료

나는 ____________________

• 어떤 기분이 들 때 음주하고 싶은가?

예 외로울 때, 화가 날 때

나는 ____________________

• 어떤 장소에 가면 음주하고 싶은가?

예 상갓집, 회식 자리

나는 ____________________

(2) 음주 상황에서 자신의 대처법 확인하기

음주 행동을 학습의 측면으로 본다면 음주 문제 행동에 대한 새로운 학습도 가능하다. 음주 충동이 생겼으나 잘 이겨낸 예를 살펴

보면서 다음의 내용을 적어 보자.

- 누구와 함께 있을 때 음주 욕구가 사라지는가?

  예) 강수 씨는 명절 때 부인과 함께 있으면 음주하는 친인척 속에서 마시지 않고 있어도 외롭지 않다.

  나는 ______________________________

- 어디에 있을 때 음주 욕구가 사라지는가?

  예) 영준 씨는 퇴근 후 집에 일단 들어오면 친구들이 불러도 나가기 싫다.

  나는 ______________________________

- 어떤 시간대에 음주 욕구가 생기고, 또 그것에 어떻게 대처하는가?

  예) 준석 씨는 바쁘게 일할 때는 음주 생각이 없으나 퇴근 무렵 출출해지면 한잔 마실 친구가 없나 찾게 된다. 그래서 퇴근 무렵에는 주머니 속에 넣어 둔 초콜릿을 먹는다.

  나는 ______________________________

- 어떤 일을 하다 보면 음주 욕구가 사라지는가?

  예) 미주 씨는 남편을 출근시키고 아이들을 등교시킨 후 혼자 있게 되면 술을 한 병만 마시고 잠들었다가 아이들이 오기 전에 깨면 된다는 생각이 올라온다. 이럴 때는 회복 중인 선배에게 전화를 걸어 도움을 요청한다.

  나는 ______________________________

3) 세 번째 단계: 음주 충동에 대처하기

음주를 하지 않기로 했다고 해서 음주 충동이 일어나지 않는 것은 아니다. 음주에 대한 충동과 갈망을 느끼는 것은 지극히 자연스러운 현상이다. 긴 시간을 거치면서 고통이 감소하고, 즐거움을 주던 것을 누리지 못하는 시간이 길어지면 우리 몸은 술에 대한 그리움과 욕구를 느끼게 된다.

이와 같은 음주 충동과 갈망이 일어날 때 우리는 무척 고통스러운 경험을 한다. 그러나 충동과 갈망은 오래가지 않는다. 마치 파도가 여러 차례 밀려오지만 결국 부서져 버리는 것처럼 그것 역시 곧 사라지게 된다. 단주 초기에 음주 충동이나 갈망에 대처하는 가장 좋은 방법은 자극이 될 만한 상황이나 사건을 피하는 것이다. 음주 충동에 대처하는 다양한 방법을 적용해 보고 그중 자신에게 맞는 방법을 선택해 보자.

(1) 지인에게 이야기하기

가족이나 친구 또는 술을 끊고 있는 다른 사람에게 자신의 음주 충동에 대해 이야기할 수 있다. 음주 충동과 갈망에 대해 이야기하면서 자신이 힘들어하는 이유와 왜 음주를 중단하려고 하는지 스스로 검토함으로써 위기를 넘길 수 있다.

(2) 피하기

음주로 인해 반복적인 문제가 발생함에도 음주 욕구를 통제할 수 없다면 아예 피하는 방법도 좋다. 즉, 음주를 하게 되는 상황, 사람,

장소 등을 피하는 것이다. 자신을 반복적으로 고위험 상황에 노출하는 것은 위험한 행동이다. 예를 들어, 술친구들과 연락하지 않기, 저녁 술자리는 가지 않기, 집 안에 있는 술병 치우기 등이 있다.

(3) 기분 전환을 위해 다른 활동에 참여하기

우울, 분노, 무료함, 외로움 등은 음주 욕구를 자극한다. 따라서 부정적인 감정이 들 때 대처하기 위한 자신만의 위로 방법을 많이 갖는 것이 필요하다. 예를 들어, 목욕하기, 기도하기, 산책하기, 수다 떨기, 맛있는 것 먹기, 명상하기 등이 있다.

(4) 생각 검토하기

음주 충동을 느낄 때 사람들은 음주 후의 일시적인 긍정적 효과만을 생각하고 부정적인 결과는 떠올리지 못하거나 그것을 축소하여 생각하려는 경향이 있다. 따라서 음주 충동이 생길 때는 마음을 가라앉히고 음주 시의 장단점을 따져 보거나 과거에 음주 시 했던 실수를 떠올려 보는 것도 하나의 방법일 수 있다. 그리고 자신의 감정, 생각, 소망 등을 기록하면서 합리적인 사고 및 대처 방법을 찾아보는 것도 필요하다.

(5) 호흡 조절법, 근육 이완 훈련하기

음주자는 불안이나 긴장감을 해소하기 위해 음주를 하는 경우가 종종 있다. 그러한 불안 · 긴장 · 분노 상황에서는 호흡 조절법이나 근육 이완 훈련을 함으로써 몸과 마음을 이완시키고 음주 행동으로 이어지지 않게 할 수 있다. 이중 호흡 조절법을 간단히 소개하면 다음과 같다.

호흡 조절 훈련

- 조용한 장소에서 편안한 자세로 실시한다.
- 한 손은 가슴 위에, 다른 한 손은 배꼽 위에 놓고 가능한 한 배로 호흡한다.
- 들이쉬면서 마음속으로 '숫자'를 세고, 내쉬면서 마음속으로 '편안하다.'라고 말한다.
- 무리하게 호흡하지 말고 평상시에 하는 호흡을 유지한다.
- 호흡하면서 배 위의 손에 정신을 집중한다.
- 하루에 두 차례, 한 번에 10분 이상 연습한다.

(6) 음주 충동에 대한 다른 대처 방법 검토하기

음주 충동에 대한 다른 대처 방법으로는 그러한 충동을 분산시키기 위한 방법의 목록을 만들고 그것을 실행하는 것이 있다. 일단 그 행동에 의미를 느끼고 빠져들기 시작하면 어느 순간 음주에 대한 갈망은 사라지고 없음을 깨달을 수 있을 것이다.

- ______________________________
- ______________________________

• ____

• ____

관련 자료

• 도서

가족친목연합단체한국지부(1990). 가족친목에서 하루하루에 살자. World Service Conference Al-Anon Family Groups의 *On Day at a Time in Al-Anon*. 서울: 가톨릭출판사.

정남운(2000). 알코올 중독. 서울: 학지사.

천주의성요한알코올상담센터(1993). 회복에 이르는 길. 서울: 하나의학사.

허근(2004). 알코올 중독자 가족의 회복을 위한 길. 서울: 가톨릭출판사.

AA 연합단체한국지부(1998). 익명의 알코올 중독자들. 서울: 한국AAGSO.

• 영화

〈남자가 사랑할 때(원제: When A Man Loves A Woman)〉(1994)

〈라스베가스를 떠나며(원제: Leaving Las Vegas)〉(1996)

중독 치료기관

1. 성 중독

- 성 중독심리연구소
  http://www.sri.or.kr
- 한국성 중독심리연구소
  http://www.ksad.or.kr

2. 다이어트 중독

- 마음과 마음 식이장애 클리닉
  http://www.eatingdisorder.co.kr
- 서울백병원 섭식장애 클리닉
  http://www.paik.ac.kr/clinic/94

3. 인터넷 게임 중독

- 인터넷 중독 대응센터
  http://www.iapc.or.kr (1599-0075)
- 미디어 중독 예방교육센터
  http://www.media.ejikim.com (070-7165-1067~8)

- 아이윌센터
  - 강북: http://www.gbiwill.or.kr (912-6410~7)
  - 명지: http://www.mjiwill.or.kr (300-3962~9)
  - 창동: http://www.cdiwill.or.kr (950-9670~8)
  - 보라매: (836-1385)
- 청소년미디어중독예방센터
  http://www.mediajoongdok.com (2131-0114)
- 심리상담센터 감사와 기쁨
  http://www.cholee.or.kr (02-420-3802)
- 인터넷 꿈 희망터
  http://www.idospace.or.kr (02-485-3690)

4. 니코틴 중독

- 지역 보건소 금연 클리닉
- 금연 길라잡이
  http://www.nosmokeguide.or.kr (1544-9030)
- 금연 친구
  http://www.xsmoke.net
- 한국 금연 운동 협의회
  http://www.kash.or.kr
- 금연 나라
  http://www.nosmokingnara.org
- 금연자와 금연도전자들의 모임
  http://cafe.daum.net/parkjaemin

5. 도박 중독

- 사행산업통합감독위원회 중독예방치유센터
  http://www.pgcc.go.kr
- 한국마사회 유캔센터
  http://ucancenter.kra.co.kr
- 국민체육진흥공단(경륜경정) 경륜경정클리닉
  http://www.c-mclinic.or.kr
- 한국단도박모임
  http://www.dandobak.or.kr
  http://www.dandobak.co.kr
- 한국 도박 중독자 가족모임
  http://www.dandobakfamily.kr
- 대한법률구조공단
  http://www.klac.or.kr
- 대한법률구조공간 개인회생 및 파산지원센터
  http://www.resu.klac.or.kr

6. 알코올 중독

- 알코올상담센터(보건복지부 지정)
  - 무료(상담, 교육, 회복 프로그램 진행 등)
  - 보건복지부 지정 알코올상담센터는 전국 47개(2012년 기준)
  - 문의: 카프이용센터 (031-810-9216, 9239)
- 병원(알코올의존 전문병원)
  - 알코올의존자만을 위한 치료프로그램이 있는 병원(3-4개월)

- 국립 · 시립 병원(의료보험 적용, 평균 60~80만원)
  - 국립서울병원(서울 광진구)
    http://www.snmh.go.kr (02-2204-0114)
  - 국립춘천병원(강원도 춘천)
    http://www.cnmh.go.kr (033-260-3000)
  - 국립부곡병원(경상남도 부곡)
    http://www.bgnmh.go.kr (055-536-6440)
  - 서울시립은평병원(서울 은평구)
    http://ephosp.seoul.go.kr (02-300-8114)
  - 카프병원(경기도 일산)
    http://www.karf.or.kr (031-810-9229)

- 거주시설
  - 알코올의존자들이 함께 생활하며 치료 · 재활하는 곳(6개월)
  - 비용: 월 25~28만원 수준
  - 기관 소개(국가지원을 받는 시설)
    - 카프남성거주시설
      http://www.karftc.or.kr [02-3143-6692~3(남성)]
    - 남성 중독자 재활 시설 내동화세상
      http://www.ndhworld.com [02-954-2727(남성)]
    - 카프여성거주시설
      http://www.karfwtc.com [02-325-4107(여성)]
    - 여성 알코올 의존자를 위한 사회복귀시설 행복을만드는집
      http://www.happiness2004.co.kr [02-485-8744(여성)]

- 자조모임(중독자, 가족)
  - 지속적인 단주 및 회복을 위해 알코올 중독자들, 가족들이 경

험을 나누고 서로 돕는다.

- 무료이며 전국에 지부가 있다.
- AA 한국연합단체(중독자)

  http://www.aakorea.co.kr (02-774-3797)

  (전국모임연람표를 클릭하면 전국의 AA 모임 장소를 알 수 있다.)
- 한국알아넌연합회(가족)

  http://www.alanonkorea.or.kr (02-752-1808)

7. 기타 중독 관련 기관

- 대한중독예방본부

  http://www.hap7.org
- 한국중독협회

  http://www.kaba5.com
- 한국중독전문가협회

  http://www.kaap.kr

찾아보기

인 명

Baekeland, F. 124
Fagerstrom, K. 182
Martin, G. L. 48, 70
Prochaska, J. O. 228

내 용

BMI 측정법 107

갈망 17, 19, 190, 201, 233
갈망 현상 17
강화 17, 26, 156, 194, 198
거식증 109
교차내성 18
근육 이완 훈련하기 235
금단 179
금단증상 16, 48, 72, 144, 178, 179, 180, 187, 202
긍정적/대안적 사고 58
기억상실 222

남용 15
내성 16, 48, 144, 178, 179, 225

대안적 사고 29, 30, 31, 41
대안적 생각 97
동반 의존 18

변화 단계 228
보상 20
불안정 애착 22
블랙아웃 222
비합리적 신념 201
비합리적인 생각 77

사고 활동지 161
숙고 228
숙고 단계 33, 35
숙고 전 228
숙고 전 단계 32
식이장애 109
신경성 식욕부진증 109
신경성 폭식증 109
실족 80
실행 228
실행 단계 34, 35

안정된 애착관계 22
애착 26
애착관계 26
역기능적 사고 40
역기능적인 생각 29
역기능적 인지 29, 30, 31
왜곡된 사고 188
왜곡된 생각 97
위기 단계 39
유인 자극 94
유지 228
유지 단계 35
의존 72
의존성 48
이중 진단 18, 19
인지모델 28, 29
인지적 왜곡 194
인지행동치료 115

자기주장 훈련 212
자동적 사고 55, 56, 58, 188, 209
재발 19, 27, 35, 36, 80, 115
재발 단계 35
준비 228
준비 단계 34, 35
중기 단계 38
중독 문제 36
중독 물질 14, 16, 20, 21, 22, 24, 25, 32, 38, 39
중독 행동 15, 29

초기 단계 38
촉발 요인 230
충동 36, 38, 39, 69, 77, 78, 88, 102, 178, 200, 233, 235
충동 조절 19, 36, 37, 39

폭식증 110

행동 관찰 일지 214
행동요법 39
호흡 조절법 235
회피 애착 22
흡연 실태 보고서 176

저자 소개

채규만

서울대학교 대학원 심리학과 석사
미국 Illinois Institute of Technology 임상 심리학 박사

전 여성가족부 자문위원
한국임상심리학회, 한국인지행동치료학회 및 대한성학회장
한국여성상담센터 이사장
한국 영유아 정신건강학회 이사
아동 ADHD 분야 전문가 및 부부 대화 지도자

현 성신여자대학교 심리학과 교수

저서 『성행동심리학』 (학지사, 2006)
『심리학자들이 쓴 행복한 결혼의 심리학』 (공저, 집문당, 2006)
『성피해 심리치료』 (학지사, 2004) 외 다수

자격증 한국 및 미국 임상심리 전문가
한국 상담심리 전문가
정신보건 임상심리사
한국 인지행동 치료 전문가
대한성학회 성 전문가
한국 기독상담 치료 전문가

전문 심리치료 분야 아동 및 청소년 가족 상담
주의력결핍 과잉행동장애 치료
학습장애 치료
부부 및 성기능 장애 치료
성폭력 피해자 및 가해자 치료

김민녀 성신여자대학교 심리학과 임상심리 박사 수료
인하대학교 출강, 연세이룸 정신과의원 심리실 임상심리전문가

김민동 성신여자대학교 심리학과 임상심리 박사 수료
(사)대한에이즈예방협회 에이즈상담지원센터장

김용희 성신여자대학교 심리학과 임상심리 박사 수료
성신여자대학교 출강, 분당 서울대학교 병원 임상심리실 임상심리전문가

김유정 성신여자대학교 심리학과 임상심리 박사 수료
홍경자 심리상담센터 상담실장

김주현 성신여자대학교 심리학과 임상심리 박사 수료
분당 서울대학교 병원 임상심리실 임상심리전문가

류명은 성신여자대학교 심리학과 임상심리 박사 수료
의정부 지방법원 고양지원 가사조사관

위지희 성신여자대학교 심리학과 임상심리 박사 수료
한국 청소년상담원 국가자격연수 강사, 오은영 소아청소년 클리닉 임상심리전문가

이혜정 성신여자대학교 심리학과 임상심리 박사 수료
카프이용센터장

임자성 성신여자대학교 심리학과 임상심리 박사
성신여자대학교 출강, 킹덤 아동청소년 심리상담연구소 소장

장미자 성신여자대학교 심리학과 임상심리 박사 수료

정기명 성신여자대학교 심리학과 임상심리 박사 수료
동서울대학교 출강

채 박사의 중독 따라잡기

2013년 8월 20일 1판 1쇄 발행
2019년 10월 10일 1판 2쇄 발행

지은이 • 채규만 외 공저
펴낸이 • 김진환
펴낸곳 • (주) 학지사
04031 서울특별시 마포구 양화로 15길 20 마인드월드빌딩
대표전화 • 02)330-5114 팩스 • 02)324-2345
등록번호 • 제313-2006-000265호

홈페이지 • http://www.hakjisa.co.kr
페이스북 • https://www.facebook.com/hakjisabook

ISBN 978-89-997-0166-5 03180

정가 13,000원

이 도서의 국립중앙도서관 출판시도서목록(CIP)은 서지정보유통지원시스템 홈페이지(http://seoji.nl.go.kr)와 국가자료공동목록시스템(http://www.nl.go.kr/kolisnet)에서 이용하실 수 있습니다.
(CIP 제어번호: CIP2013012934)